# 新 일한번역연습

개정판

윤호숙 저

제이앤씨
Publishing Company

# 머리말

　외국어를 배우게 되면 가장 먼저 자국어로 번역을 하게 된다. 이와는 반대로 번역을 통해 외국어를 배우기도 한다.

　이탈리아 속담에 '번역은 반역이다'란 말이 있는데 번역이 그만큼 어려워 오역이 많기 때문에 나온 말이라고 생각한다.

　번역이란 일반적으로 한 나라의 언어나 문장을 같은 의미의 다른 나라의 언어나 문장으로 바꾸는 것이라고 생각되고 있다. 그러나 좋은 번역이란 것은 原語가 표현하고 있는 내용을 受容言語로 자연스럽게 번역해내는 것이다. 그런데도 불구하고 많은 번역가들이 原語의 형식만을 一語一訳 식으로 대응시키고 있기 때문에 오역을 하는 경우가 많다.

　따라서 정확한 번역을 위해서는 단순히 어휘가 가지는 기본 의미만 암기시키는 직역식 교육은 지양되어야 할 것이다.


　많은 외국어 전문가들은 정확한 번역이야말로 정확한 외국어 실력을 키워주는 밑거름이 된다는 데 공감하고 있다.

　또한 일본어를 정확하게 한국어로 번역할 수 있는 능력이 있어야 한국어를 제대로 일본어로 말할 수 있는 능력이 생기는 것이다. 나아가 이러한 능력이 일본어다운 일본어를 표현할 수 있는 능력으로 이어진다고 할 수 있다.

**일본어를 배우는 목적으로는** 주로 일본어의 읽고 쓰기 능력과 번역 능력 및 일본어 회화를 가능케 하는 어학력 등을 들 수 있다.

최근 글로벌 시대를 맞아 활발하게 전개되는 한일정보 교류를 위해서는 번역의 역할이 상대적으로 높아져 번역에 관한 체계적인 교육의 중요성도 더욱 증대되고 있다.

이제까지 번역된 작품들을 살펴보면 어휘뿐만 아니라 문체나 문법, 문화와 관련해 오역된 사례들이 적지 않아서 번역교육이 전문적으로 심도 있게 이루어져야 하며 이를 위해서는 제대로 된 번역교재가 필요한데도 불구하고 이제까지 일한번역 교재는 전무하다고 할 수 있다.

이밖에도 최근 기계번역에 대한 수요가 증가하면서 이에 대한 교육의 필요성이 대두되고 있다. 따라서 본 교재에서는 기계번역 오역에 대한 내용도 다룬다.

따라서 본 교재는 일본어 학습자의 체계적이고 전문적인 일본어 번역교육에 실질적으로 큰 도움이 되어 줄 뿐만 아니라 나아가서는 정확한 한일 양국어능력을 향상시켜 유능한 번역전문가를 육성하는데 적극 기여할 수 있을 것으로 본다.

출간되기까지 자료수집부터 정리, 검수 등 묵묵히 곁에서 도와준 寺田庸平 교수님과 김성은 선생님, 그리고 윤석현 대표님, 최인노 과장님과 제이앤씨 출판사 관계자 여러분께 깊은 감사의 뜻을 전한다.

2021년 9월
저자 윤호숙

# 目次

# 誤訳の功罪

「時には小さな誤訳が大きな悲劇を生むこともある。」

　いや、一人の運命のみならず、何十万という人命を奪うこともあり得るのが誤訳である。映画「日本の一番長い日」の中で触れてあった、有名ないわゆる「終戦秘話」を思い出していただきたい。昭和二十年七月二十六日、米・英・中・ソの連合国は日本に無条件降伏を勧告するポツダム宣言を発表したが、これに対しわが国は、「政府は黙殺」（同年七月二十八日付朝日新聞見出し）という態度をとった。日本側のこの姿勢は、中立国の報道網を通じ、日本はポツダム宣言を "ignore" する、と連合国側に伝えられた。当時、すでにソ連に和平仲介を依頼していた日本がこのような態度に出たことは米英首脳を驚かせ、広島と長崎に原爆を投下する決定がなされた——と歴史書には記されている。「黙殺する」とは、「問題にせず、黙っていて相手を認めさせないこと。見て見ぬふりをして、とり合わないこと」（『新潮国語辞典』）という消極的な態度であるのに対し、英語のignore は、注意を向けることを拒否する。故意に無視する。[起訴状などを]虚偽ないしは事実無根としてしりぞけ、あるいは否決する(Webster's Third New International Dictionary to refuse to take notice of: disregard willfully; to reject or

throw out (a bill of indictment) as false or ungrounded.)とあるように、かなり積極的な拒絶行動を意味する。やや極端な言い方をすれば、単語一つのわずかなニュアンスの差が、三十万にものぼる人命を奪う結果になった、と言えるかもしれない。

　A＝Bの単純な置き換えが危険であることは、おわかりいただけただろう。外国語の移植はちょうど草花の移植と同じように特定の単語や表現を一株だけ土をはらって引き抜いては、往々にして全体を枯らしてしまう結果になる。できるだけ広く、まわりの土もいっしょに掘り起こし、それが育ってきた土壌ごと移し換えることが、情報のずれを最大限にとどめる有効な手段である。

## 新しい言葉

悲劇(ひげき)を生(う)む　비극을 낳다

〜のみならず　〜뿐만이 아니라

あり得(う)る　있을 수도 있다

いわゆる　소위, 이른바

思(おも)い出(だ)す　생각나다, 상기하다

無条件(むじょうけん)　무조건

勧告(かんこく)する　권고하다, 권하다

発表(はっぴょう)　발표

わが国(くに)　우리나라

黙殺(もくさつ)　묵살

側(がわ)　측, 쪽

中立国(ちゅうりつこく)　중립국

通(つう)じる　통하다

当時(とうじ)　당시

和平仲介(わへいちゅうかい)　평화중개

首脳(しゅのう)　수뇌

投下(とうか)　투하

歴史書(れきししょ)　역사서, 역사책

問題(もんだい)にせず　문제로 삼지 않고

相手(あいて)　상대

見て見ぬふりをする　보고도 못 본 척하다

消極的(しょうきょくてき)な　소극적인

拒否(きょひ)する　거부하다

無視(むし)する　무시하다

虚偽(きょぎ)　허위

事実無根(じじつむこん)　사실무근

運命(うんめい)　운명

人命(じんめい)を奪(うば)う　목숨을 빼앗다, 인명을 앗아가다

触(ふ)れる　언급하다, 닿다

終戦秘話(しゅうせんひわ)　종전비화

連合国(れんごうこく)　연합국

降伏(こうふく)　항복

ポツダム宣言(せんげん)　포츠담 선언

〜に対(たい)し　〜에 대해

政府(せいふ)　정부

態度(たいど)をとる　태도를 취하다

姿勢(しせい)　자세

報道網(ほうどうもう)　보도망

伝(つた)える　전하다

すでに　이미

依頼(いらい)する　의뢰

驚(おどろ)かせる　놀라게 하다

決定(けってい)　결정

記(しる)す　쓰다, 적다, 기록하다

黙(だま)る　말을 하지 않다, 잠자코 있다

認(みと)める　인정하다

とり合(あ)う　상대하다, 맞잡다

注意(ちゅうい)を向(む)ける　주의를 기울이다

故意(こい)に　고의로

起訴状(きそじょう)　기소장

ないし　내지

しりぞける　물리치다, 거절하다, 멀리하다, 받아들이지 않다

| | | | |
|---|---|---|---|
| あるいは | 혹은 | 否決(ひけつ)する | 부결하다 |
| 拒絶行動(きょぜつこうどう) | 거절행동 | やや | 약간 |
| 極端(きょくたん)な | 극단적인 | わずかな | 약간, 얼마 안 되는 |
| のぼる | 이르다 | 単純(たんじゅん)な | 단순한 |
| 置(お)き換(か)える | 바꿔놓다, 옮겨놓다 | 危険(きけん) | 위험 |
| 移植(いしょく) | 이식 | ちょうど | 마치, 꼭, 흡사 |
| 草花(くさばな) | 화초 | 特定(とくてい) | 특정 |
| 一株(ひとかぶ) | 한 그루 | 土(つち) | 흙, 땅 |
| はらう | 제거하다, 없애다, 털다 | 引(ひ)き抜(ぬ)く | 뽑다, 뽑아내다 |
| 往々(おうおう)にして | 왕왕, 때때로 | 枯(か)らす | 말리다, 말려죽이다 |
| できるだけ | 되도록 | 掘(ほ)り起(おこ)す | 파내다, 발굴하다 |
| 育(そだ)つ | 자라다 | 土壌どじょう | 토양 |
| ～ごと | ～째 | 移(うつ)し換(か)える | 옮기다, 바꾸다 |
| 情報(じょうほう) | 정보 | ずれ | 어긋남, 차이 |
| 最大限(さいだいげん) | 최대한 | とどめる | 멈추다, 세우다, 말리다 |
| 有効(ゆうこう) | 유효 | 手段(しゅだん) | 수단 |

**文法チェック**

### 1. ～である

だ의 문장체로 '～이다'란 의미.

일본어의 경우 일상 언어생활에서 사용 목적에 따라 회화체와 문장체 중 골라서 사용할 수 있는데 편지 등 읽는 사람에게 경의를 표할 필요가 있는 문장에서는 デス・マス체를 쓰고 소설과 일기, 보고서, 논설문 등에서는 ダ・デアル체를 쓰며 학술적인 레포트나 논문에서는 デアル체를 주로 사용한다. 다만 ダ와 デアル 모두 '～이다'로 번역된다.

> □ 私は猫<u>である</u>。 나는 고양이다.
> □ 昨日、日本で地震が起きたという話は事実<u>だ</u>。
>   어제 일본에서 지진이 일어났다는 이야기는 사실이다.

### 2. ～てある

てある는 항상 타동사와 함께 사용되는데 '동작이 이루어진 상태의 지속'을 나타내는 용법 외에 '어떤 목적을 위해 미리 어떤 행위를 하다 '란 의미를 나타내는 경우에도 쓰인다. 한국어로 전자는 '어 있다'로 번역되고 후자는 '해 두다'로 번역된다. 특히 후자의 경우 비슷한 표현으로 ておく가 있는데 ておく가 행동에 초점이 맞추어지는데 반해 てある는 동작의 상태에 중점을 둔 표현이다. 한국어로는 둘 다 '해 두다'로 번역된다.

> □ 掲示板に大事なことが<u>書いてある</u>。 게시판에 중요한 사실이 적혀 있다.
> □ 学校にはたくさんの本が<u>置いてある</u>。 학교에는 많은 책이 놓여 있다.

**③.** **〜ていただく/ていただきたい/ていただける**

'해 주다', '해 주었으면 한다', '해 주실 수 있을까요'로 번역.

　〜ていただく는 てもらう(〜해 받다)의 겸양어로 정중하게 지시하거나 부탁할 때 쓴다. 〜ていただきたい는 てもらいたい의 겸양표현으로 상대방에게 무언가 해 주었으면 할 때 사용한다. 형태적으로는 정중하지만 강한 요구를 나타낼 때 쓰이는 경우가 많으며 조심스럽게 의뢰할 때는「ていただきたいのですが」란 형태로 쓴다.

　오역 예로 많이 보이는 표현 중 하나이므로 번역시 특히 주의를 요한다.

　「おーいただく」도 겸양표현으로「ていただく」보다 더 정중하고 격식 차린 말투.

　ていただける는 조심스런 의뢰표현으로 의문문으로 많이 쓰인다.

---

□ 明日先生にお昼を<u>ご馳走していただく</u>。내일 선생님께서 점심을 사 주신다.

□ お部屋を<u>見せていただきたいのですが</u>、いかがでしょうか。
　방을 보여 주셨으면 합니다만, 어떻습니까.

□ 明日、<u>来ていただけないでしょうか</u>。내일 와 주실 수 없을까요?

---

**④.** **〜せる・させる(使役)**

　동사 a단(わ、か、さ、た、な、ま、ら)에 조동사 せる・させる를 붙여 '남에게 무언가를 시킨다는 표현'을「使役の表現」이라 한다.「使役」의「使」는 '〜을 시키다', '〜하게 하다'란 뜻이고「役」은 '역할, 동작, 행동'이란 뜻이다. 그러므로「使役」이란 '어떤 행동과 역할을 하게 하다'란 의미이다.

　그러나「使役の表現」에는 '〜을 시키다'란 의미 외에 다음과 같이 '許可・放任', '自責', '功績', '原因', '他動性', '慣用的表現(自發)'등 광범위하게 사용된다. 따라서 번역시 주의를 요한다.

　본문의「日本がこのような態度に出たことは米英首脳を驚かせ」「相手を認めさせないこと」의 두 문장도 전자는 原因, 후자는 許可의 뜻으로 쓰였다.

---

□ それは<u>私にさせて</u>ください。그것은 나한테 시켜 주세요 <許可>

□ 子供に遊び場でよる遅くまで<u>遊ばせた</u>。
　아이들을 놀이터에서 밤 늦게까지 놀게 했다. <放任>

---

□ 戦争で息子を<u>死なせた</u>。 전쟁으로 아들이 죽었다. <自責>

□ 学生をソウル大学に<u>合格させた</u>。 학생을 서울대학교에 입학시켰다. <功績>

□ シャーベットを<u>凍らせて</u>食べた。 샤벨을 얼려서 먹었다. <他動性>

□ けがを<u>悪化させる</u>。 상처를 악화시키다. <原因>

□ 一晩中、目を<u>光らせている</u>。 밤새도록 눈을 번뜩이고 있다. <自發性>

**5.** ~ず

부정인 '~지 않고', '~지 않아'의 의미를 나타내며 문장체나 관용표현에 많이 쓰이고 회화체에서는 「ないで(~지 않고)」「なくて(~지 않아서)」가 쓰인다. 「ない」와 마찬가지로 활용되어 「買わず」「行かず」「待たず」「食べず」와 같이 사용된다. 단 「する」는 「せず」가 된다.

□ どこへも<u>行かずに</u>何をしていたの。 아무데도 가지 않고 뭐 하고 있었니?

□ <u>食べず嫌い</u>は良くないです。 먹지도 않고 싫어하는 것은 좋지 않습니다.

## 1. 〜のみならず

조사「のみ」에 동사「なる」의 부정형인「ならず」가 결합된 連語로 '앞에 말한 것을 받아 그것뿐이 아니라'란 의미를 나타낸다.「だけではなく…も」의 문장체로 격식 차린 말투.

> ◻ 学生のみならずお年寄りもご参加ください。 학생 뿐 아니라 어르신들도 참가해 주세요
> ◻ 私は英語のみならず日本語も話せます。 나는 영어 뿐 아니라 일본어도 말할 수 있습니다.

## 2. 〜うる

동사의「ます형」에 붙는다. 활용형으로는「え-ない」「え-ます」「うる(ひと)」「え-た」가 있다. '어떤 행위를 할 수 있다, 성립될 가능성이 있다'란 의미로「書ける」「話せる」등의 가능동사형은 의지동사에만 쓸 수 있는데「うる」는 무의지동사에도 쓸 수 있다.

보통 문장체에 쓰이나「ありえない(있을 수 없다)」의 경우 관용적으로 회화체에도 많이 보인다.

> ◻ 楽しいと思うことは、誰にでもありうることだ。
> 　즐겁다고 생각하는 것은 누구에게라도 있을 수 있는 일이다.
> ◻ あの人に、彼女ができたなんてありえない話だ。
> 　그 사람에게 여자친구가 생겼다니 있을 수 없는 이야기다.

## 3. 見て見ぬふりをする

관용어구에 많이 쓰인다. '보고도 못 본 척하다'로 번역.

「ぬ」는 부정을 나타내는 조동사로 현대어에서는「ません」「知らん」등「ぬ」의 축약형인「ん」에 형태가 남아있을 뿐 주로 관용어구에 많이 쓰인다.

> □ 子供がいたずらをしても<u>見て見ぬふりをする</u>人が多い。
> 아이들이 장난을 쳐도 보고도 못 본 척하는 사람이 많다
>
> □ 困っている人を<u>見て見ぬふりをして</u>はいけない。
> 곤경에 처한 사람을 보고도 못 본 척해서는 안된다.

## ④. ~に対して

대비적인 두개의 사항을 나열하여 나타낼 때 사용한다. '~한데 대해(반해)'란 의미로 쓰인다.

> □ そのけが<u>に対して</u>有効な処置をする。 그 부상에 대해 효과적인 처치를 한다.
>
> □ 彼が寝ている<u>のに対して</u>彼女は一生懸命勉強している。
> 그는 자고 있는데 반해 그녀는 열심히 공부하고 있다.

## ⑤. ~かもしれない

~かもしれない는 '~일지도 모른다'란 뜻으로 가능성은 낮지만 어떤 일이 옳다고 생각되는 경우에 쓰이는 표현이다. 「もしかすると」「ひょっとすると」 등의 부사구와 같이 사용되는 일이 많으며 회화체에서는 「しれない」를 생략하고 「かも」만 쓰기도 한다.

> □ 明日は雨が降る<u>かも(しれない)</u>。 내일 비가 내릴 지도 모른다.
>
> □ 来週は試験がある<u>かも(しれない)</u>。 다음주에는 시험이 있을 지도 모른다.

## ⑥. ~てくる

~てくる는 여러 가지 의미로 쓰이는데 여기에서는 동작이나 상태변화가 과거부터 계속되어 지금에 이른 것을 의미한다.

> □ 台風が<u>近づいてくる</u>。 태풍이 다가온다.
>
> □ 日本語がだんだんうまく<u>なってくる</u>。 일본어가 점점 능숙해진다.

**1**

> 「黙殺する」とは、「問題にせず、黙っていて相手を認めさせないこと。見て見ぬふ
> りをして、とり合わないこと」という消極的な態度であるのに対し、…

**Tip** 이 문장에서 가장 번역하기 쉽지 않은 것은 「問題にせず、黙っていて」부분일 것이다. 「問題にせず」는 「問題にする」의 부정접속형으로 '문제로 삼지 않고'로 바꾸면 된다. 문제는 「黙っていて」인데, 「ている」가 동작의 진행, 상태의 의미를 나타내므로 '잠자코 있고'가 되지만 여기서는 「相手を認めさせないこと」와 연결되어 사용되고 있으므로 '잠자코'로 번역하는 편이 나을 것 같다.

**2**

> やや極端な言い方をすれば、単語一つのわずかなニュアンスの差が、三十万にもの
> ぼる人命を奪う結果になった、と言えるかもしれない。

**Tip** ❶ 이 문장에서 「言い方」를 '말하는 법'이란 뜻으로 명사 그대로 직역하면 어색해지기 때문에 「極端な言い方をすれば」는 '약간 극단적으로 말하면', '극단적인 표현을 빌리면'으로 번역하는 것이 자연스럽다.
❷ 「も」의 대표적인 의미로 '~도'란 並立의 의미를 들 수 있는데 수량을 나타내는 말과 함께 쓰여 그 수량이 많다는 것을 의미하는 경우도 있다. 여기에서는 '삼십만이나 되는', '삼십만에 이르는', '삼십만에 달하는'으로 번역해야 한다.

**3**

> できるだけ広く、まわりの土もいっしょに掘り起こし、それが育ってきた土壌ごと移し
> 換えることが、情報のずれを最大限にとどめる有効な手段である。

**Tip** ❶ 일본어에는 띄어쓰기가 없기 때문에 「、(読点)」을 많이 쓴다. 번역시 「、」까지 그대로 옮기는 경우가 많은데 한국어에는 띄어쓰기가 있기 때문에 「、」을 많이 쓰면 오히려 문장의 맥이 끊기게 되므로 주의하여야 한다. 이 문장에서는 「、」을 다 없애고 번역해도 지장이 없다.

❷ 이 밖에도 이 문장에서 번역시 주의해야 할 것으로 복합어가 있는데,「掘り起こし」는 '파내다'는 뜻으로 쓰였고「移し換える」는 '옮기다'와 '바꾸다'가 합해진 말이므로 '바꿔 옮기다'로 번역하든지 그냥 '옮기다'로 번역하는 것이 좋다.

◎ 다음은 번역 작품에 보이는 실제 오역 예입니다. 자연스럽게 번역해 봅시다.

**1**

> ルリ子は村井を真っすぐに見上げた。子供らしい無遠慮な凝視だった。
> 루리꼬는 무라이를 똑바로 쳐다보았다. 어린애다운 거침없는 응시였다.

**Tip** ❶ 〈이중형용사 수식 번역〉

「子供らしい無遠慮な」: 이중 형용사적 수식인 「子供らしい」와 「無遠慮な」를 부사로 바꾸어 '어린애다운 거침없는'을 '어린애답게 거리낌없이'로 번역.

❷ 〈명사를 동사로 번역〉

「無遠慮な凝視だった」: 명사 술어 「凝視だった」를 동사 술어로 풀어서 '뚫어질 듯 쳐다보았다'로 번역.

✎

**2**

> その眼は、厳粛というほどのいかめしいものではないが、小さな生命の生育の動きを、
> 静かに見つめる尊い清らかな眼であった、
> 그 눈은 엄숙하리만큼 위엄 있는 것은 아니지만, 작은 생명의 생육의 움직임을 조용히 바라보는 고귀하고 정갈한 눈이었다.

**Tip** ❶ 「小さな生命」의 「小さな」는 '작은'이라는 뜻도 있지만, 여기에서는 「生命」을 수식함으로로 '어린'으로 번역.

「清らかな眼」의 「清らかな」는 '맑은', '깨끗한'의 뜻으로 쓰이는데 '맑은 눈'으로 번역.

❷ 「小さな生命の生育の動き」은 '명사의 명사'를 동사술어문장으로 바꾸어 '어린 생명이 자라나는 움직임'으로 번역.

✎

**3**

> と、どういうわけか、一切ありありと私に見えてきて、万年筆の動きがじれったいほど私は書きに書くことになった。
>
> 그러자, 어찌된 셈인지 모든 것이 뚜렷이 내게 보여와 만년필의 움직임이 안타까울 정도로 나는 쓰고 또 쓰게 되었다.

**Tip** ❶「私に見えてきて」：てくる는 동작이나 상태가 변화된 것을 나타내므로 '내게 보여와'를 '보이게 되어'로 번역.

❷「万年筆の動きがじれったいほど」：じれったい는 '안타깝다'보다는 '애가 타다'가 적당함. 따라서 '만년필의 움직임이 애가 탈 정도로'로 번역하는 것이 자연스러움.

✎

## 練習問題

1. 다음 ( ) 안에 알맞은 조사를 넣으시오.

❶ 連合国は日本 ( ) 無条件降伏を勧告するポツダム宣言を発表したが、

❷ 「黙殺する」 ( ) は、「問題にせず、黙っていて相手を認めさせないこと。

❸ 三十万に ( ) のぼる人命を奪う結果になった、と言える ( ) しれない。


2. 다음을 한국어로 번역하시오.

❶ 問題にせず、黙っていて相手を認めさせないこと。見て見ぬふりをして、とり合わないこと

✎

❷ A＝Bの単純な置き換えが危険であることは、わかるだろう。

✎

❸ 一人の運命のみならず、何十万という人命を奪うこともあり得るのが誤訳である。

✎

## 오역에 얽힌 에피소드

오역이란 때로는 웃음을, 때로는 슬픔을, 때로는 불행을 가져다준다. 여기서는 어이없는 에피소드를 하나 소개하려 한다.

진주만 공격 당시 어느 일본 초등학교 아침 조례에서 교장 선생님이 다음과 같은 이야기를 했다.

"미국 전함(戰艦)의 이름은 매우 재미있습니다. '존 F 케네디'와 '해리 트루먼'처럼 역대 대통령 이름을 붙이거나 '미드웨이'처럼 지명을 붙이기도 합니다. 그 중에서도 가장 재미있는 것은 '엔터프라이즈'라는 이름의 배입니다. 여러분은 이 영어의 뜻을 아나요? '엔터프라이즈'란, 사실은 '돈 따기'라는 의미입니다. 즉 그 배는 '돈 따기 호'인 것입니다. 미국식 농담인지 뭔지는 모르겠지만 상당히 이상한 이름의 배이지요? 미국이 신성한 전함에 이런 말도 안 되는 이름을 붙이니 전쟁에서 이길 리가 있겠습니까?"

이 교장선생님이 재미있다고 말한 '엔터프라이즈'의 의미가 정말로 "돈 따기"인지 의문이 생겨서 실제로 영어사전을 찾아보니,

Enterprise 기획, 계획, 기업, 사업, (특히 모험적인) 모험심

이라고 실려 있었다. 이 교장 선생님이 어디서 알았는지 모르겠지만 이 이야기를 들은 당시의 초등학생들은 직접 확인해 보지 않았으면 평생을 "헨터프라이즈 = 돈 따기"라고 생각하며 옛 추억을 떠올릴 것이다.

**MEMO**

件名: 勉強会へのお誘いありがとうございました。


佐藤先生

こんにちは。日本語学部のジヒョンです。

すみません。冬休みの勉強会なのですが、あいにく、12月20日から23日まで翻訳のクラスで研修に行く予定が入っております。

せっかく誘っていただいたのに、良いお返事ができずに申し訳ございません。

私にとっては勉強についてだけでなく、先輩の田中さんにいろいろな話が聞けるいい機会でしたので、大変残念です。

誘っていただきありがとうございました。

またこのような機会がありましたら、声をかけていただけるとうれしいです。

またお話聞かせてください。

失礼いたします。

ジヒョン

件名: 原稿チェックのお願い

山下先生

3年生のジェボムと申します。

事務の佐々木さんから先生をご紹介いただき、初めてメールさせていただいております。

お願いがあるのですが、実は来月、日本語学部で開催されるパーティーで3分くらいのスピーチをすることになっております。

一度原稿を書いてみましたが、日本語の先生である山下先生に原稿を見ていただけたらと思っております。

もし見ていただけるようでしたら、今週研究室にいらっしゃるお時間を教えていただけないでしょうか。

直接伺わず、メールでのお願いで申し訳ありません。

よろしくお願いいたします。

ジェボム

## 新しい言葉

件名(けんめい)　제목

誘(さそ)い　권유

翻訳(ほんやく)　번역

予定(よてい)　예정

返事(へんじ)　답장

機会(きかい)　기회

声(こえ)をかける　부르다, 말을 걸다

失礼(しつれい)　실례

事務(じむ)　사무

開催(かいさい)　개최

もし　만약

研究室(けんきゅうしつ)　연구실

直接(ちょくせつ)　직접

勉強会(べんきょうかい)　스터디, 연구회

あいにく　공교롭게

研修(けんしゅう)　연수

せっかく　모처럼, 애써

申(もう)し訳(わけ)　변명, 해명

残念(ざんねん)　유감스러움

うれしい　기쁘다

原稿(げんこう)　원고

実(じつ)は　실은

一度(いちど)　한번

今週(こんしゅう)　이번 주

教(おし)える　가르치다

伺(うかが)う　묻다, 듣다의 겸사말

**1.** **お返事/お願い**

경어는 경의를 나타내는 표현이다. 한국어의 경어가 손윗사람인지 아닌지의 여부에 따라 경어를 쓰는 절대경어의 성격이 강한 반면 일본어 경어는 상대경어로 친소(親疎)관계에 따라 경어를 쓰므로 차이가 난다.

경어는 존경어(尊敬語), 겸양어(謙讓語), 정중어(丁寧語)로 나뉜다. 존경어는 동작이나 상태의 주체에 대해 경의를 나타내는 표현이고 겸양어는 동작의 주체를 낮춤으로 해서 상대적으로 동작을 받는 이에 대해 경의를 나타내는 표현이다. 그리고 정중어는 동작의 주체를 낮춤으로써 듣는 사람에게 경의를 나타내는 표현이다.

각각의 표현 방식을 살펴보면 다음과 같다.

---

□ 月曜日までに<u>お返事</u>いただけないでしょうか。 월요일까지 답변 주실 수 없으신지요?

□ すぐに<u>お返事</u>します。 바로 답변 드리겠습니다.

□ 今年もどうぞよろしく<u>お願い</u>いたします。 올해도 잘 부탁드리겠습니다.

□ ご協力を<u>お願い</u>します。 협력 부탁드립니다.

---

**❶** **尊敬語**
동사:おVマスになる
형용사:お(ご)形容詞
명사:お(ご)名詞

**❷** **謙讓語**
동사:お(ご)Vマスする
명사:お(ご)名詞
名詞:小生

**❸** **丁寧語**
동사:「参る」「伺う」「申す」「申し上げる」「ておる」
*美化語
美化語는 누군가에 대한 경의를 표하는 것이 아니라 말을 품위 있게 사용하는 것이다.

美化語에는 단어 앞에 「お·ご」를 붙이는 형태나 바꾸어 말하는 형태 등이 있다.

お酒、お料理、お天気、お庭、ご結婚、ご連絡

めし/ごはん、水/おひや、うまい/おいしい、腹/おなか、便所/お手洗い

이상과 같이 한일양국어의 경어체계에는 상당한 차이가 있으므로 경어를 번역할 때도 주의를 해야 한다.

## 2. クラスで

「で」는 '동작·작용이 이루어지는 장소', '수단·방법', '재료', '원인' 등 아주 다양한 용법으로 사용되는데 「クラスで」에서 「で」는 장소를 나타내는 용법의 확장으로 주어를 장소 식으로 나타낼 때 사용한다. 이런 경우 '에서'로 번역하는 것이 자연스럽다.

❶ 場所を示す…駅で待ち合わせる。 역에서 기다린다.
　　　　　　　　海で泳ぐ。 바다에서 수영한다.

❷ 原因、理由を示す…地震で崖が崩れた。 지진으로 절벽이 무너져 내렸다.
　　　　　　　　　　火事で家が焼けた。 화재로 집이 탔다.

❸ 期限、限定を示す…五時で終わる。 5시에 끝난다.
　　　　　　　　　　十日で出来上がる。 열흘이면 완성된다.
　　　　　　　　　　午前中で締め切る。 오전 중에 마감된다.

> ◻ 夏休みにクラスで大阪へ遊びに行きます。 여름방학때 반에서 오사카로 놀러 갑니다.
>
> ◻ 学園祭ではクラスでダンスをします。 학교 축제 때는 반에서 춤을 춥니다.

## 3. 先輩の田中さん

「の」는 주로 체언에 붙어서 다양한 의미·용법으로 쓰인다. 「の」를 생략해서 번역해야 하는 경우가 많은데 '~의'라고 그대로 직역해서 오역이 되는 경우가 많다. 「先輩の田中さん」에서는 동격(同格)의 의미로 '~인'이라고 번역함

□ 明 今日は、娘の誕生日です。 오늘은 딸아이 생일입니다.

□ あの人は、友達のユンさんです。 저 사람은 친구인 윤00씨입니다.

## 4. 冬休みの勉強会なのですが

「~のです(だ)」의 형태로 이유나 근거를 나타내거나 사정을 설명할 때 사용한다. 회화체에서는「~の」가 축약해서「~んです」라고 사용하는 경우가 많다.

「~の」를 빼고 '겨울방학 스터디인데요'라고 번역하는 것이 자연스럽다.

□ あなたに伝えたいことがあるのです。 당신한테 전하고 싶은 것이 있습니다.

□ これは、重要なことなのです。 이것은 중요한 문제입니다.

□ 空はどうして青いのですか。 하늘은 왜 파란가요?

## 5. ~ような

어떤 상황을 보고 판단할 때 확실하게 단정하기는 어렵지만 그와 같이 생각되거나 판단할 수 있는 경우에 사용된다. 이와 같은 의미·용법의「ようだ」를 '불확실한 단정'을 나타낸다. 「ような」는「ようだ」의 연체형으로 '~(ㄹ)것 같은'으로 번역된다.

□ パクさんの結婚の準備がうまくいっているような感じです。
　박00씨 결혼준비가 잘 되어 가는 것 같습니다/느낌입니다.

□ 料理はたくさん用意してあるようでしたよ。 요리는 많이 준비되어 있는 것 같았어요.

## 1. 来月/返事/残念/勉強会

한일 양국어는 한자 문화권에 속해 있는 관계로 한자어가 많다. 그러나 양국어의 한자 중에는 유사한 것도 있지만 상이한 것이 더 많다. 그런데도 불구하고 한일 양국어의 한자어를 혼동하는 관계로 오역과 오용이 많이 보인다. 「来月」은 한국어에도 있는 단어이지만 '내달' 또는 '다음달'로 번역을 해야 하고 「返事」 「残念だ」 「勉強会」는 한국어에는 없는 단어이므로 '대답', '유감이다/아쉽다/안타깝다', '스터디'라고 번역해야 자연스럽다. 「住在」 「草花」 「祖先」 「議論」 등도 '駐在', '花草', '先祖', '論議'와 같이 순서가 다르므로 자칫 오역하기 쉬운 예이다.

> □ 日本在住の韓国人　일본에 주재하는 한국인/일본주재 한국인
>
> □ 一緒に遊べなくて残念ですね。함께 놀지 못해 아쉽네요.

## 2. ～と思う/思っている

「思う」는 앞의 절을 받아서 말하는 사람의 주관적인 판단이나 개인적인 의견임을 나타낸다. 「思う」는 말하는 사람이 그 자리에서 내린 판단이라는 의미가 강한데 비해 「思っている」는 이전부터 현재에 이르기까지 그런 의견과 신념을 가지고 있었다는 뉘앙스가 있다.

> □ みんな彼女がきれいだと思います。모두 그녀가 예쁘다고 생각합니다.
>
> □ 私はジョンさんのことが面白いと思っている。나는 존00씨가 재미있다고 생각한다.

### 3. 이메일 관련 용어

**1** 관련어휘 - 電子メール／Eメール

| | | | |
|---|---|---|---|
| Eメールアドレス | 이메일 주소 | 返信(へんしん) | 답장 |
| 件名(けんめい) | 제목 | 転送(てんそう) | 전달 |
| 署名(しょめい) | 서명 | CC カーボンコピー | 참조 |
| 添付(てんぷ)ファイル | 첨부파일 | to　宛先(あてさき) | 받는 사람 |
| 迷惑(めいわく)メール／スパム | 스팸 메일 | | |

**2** 안부 인사

신년　あけましておめでとうございます。새해 복 많이 받으세요

　　　新年おめでとうございます。새해 복 많이 받으세요

　　　謹賀新年(きんがしんねん)　근하신년

　　　昨年は大変お世話になりました。작년에는 매우 신세를 졌습니다.

　　　本年もどうぞよろしくお願いいたします。올해도 잘 부탁드립니다.

여름　暑中お見舞い申し上げます。더위 잘 나시기를 기원합니다.

기념일　ご卒業おめでとうございます。졸업 축하드립니다.

　　　ご結婚おめでとうございます。결혼 축하드립니다.

　　　誕生日おめでとう。생일 축하해.

　　　お誕生日おめでとうございます。생신 축하드립니다.

**1** 勉強会へのお誘いありがとうございました/メールでのお願いで申し訳ありません

**Tip** **❶** 「勉強会へのお誘い」では「勉強会への」는 명사 「勉強会」에 조사 「へ」와 「の」가 결합된 형태로 번역시 '스터디에서의'라고 오역되는 경우가 많다. 그러나 「の」를 생략하고 「勉強会への」는 '스터디에'로 번역하는 것이 자연스럽다. 또한 「お誘い」는 명사형을 동사로 바꾸고 경어 「お」를 살려서 '불러 주셔서'라고 번역하는 것이 좋다. 따라서 「勉強会へのお誘いありがとうございました」는 '스터디에 불러 주셔서 감사합니다'로 번역된다.

**❷** 「メールでのお願いで申し訳ありません」에서도 「メールでのお願いで」의 경우 「の」를 생략하고 「お願いで」는 동사로 바꾸어서 '메일로 부탁드려서'로 번역하는 것이 자연스럽다. 그러므로 「メールでのお願いで申し訳ありません」은 한국어로 번역하면 '메일로 부탁드려서 죄송합니다'가 된다.

**2** せっかく誘っていただいたのに、良いお返事ができずに申し訳ございません/メールさせていただいております

**Tip** **❶** 「ていただく」는 「てもらう」의 겸양어로 '해 받다'로 직역되는 경우가 많은데 한국어에는 '해 받다'란 표현이 없으므로 '해 주다'로 번역해야 한다. 따라서 「せっかく誘っていただいたのに」는 '모처럼 불러 주셨는데'로 번역하는 것이 자연스럽다. 「良いお返事ができずに申し訳ございません」에서 「~ができずに」는 불가능 표현이므로 '좋은 답변을 드리지 못해 죄송합니다'라고 번역하는 게 좋다. 따라서 「良いお返事ができずに申し訳ございません」은 '모처럼 불러 주셨는데 좋은 답변을 드리지 못해 죄송합니다'로 번역된다.

**❷** 「~させていただく」는 사역표현에 「てもらう」의 겸양어인 「ていただく」가 결합된 표현으로 '~하게 해 주시다', '~해 드리다'로 번역되나 「メールさせていただく」는 '메일을 드리다'로 번역하는 게 자연스럽다. 「~ておる」는 「ている」의 겸양표현이나 한국어는 '~고 있다/~어 있다'의 겸양표현이 없으므로 '~고 있다/~있다'로 번역되는데 이 경우에는 '~었다'로 번역하는 것이 자연스러움. 따라서 「メールさせていただいております」는 '메일을 드립니다'라고 번역된다.

## 3 私にとっては勉強についてだけでなく、

**Tip** 「私にとっては勉強についてだけでなく」에서「~にとっては」는 '~에게 있어서'로 번역되는 경우가 많은데 '~에게 있어서는' 일본어식 표현이므로 '~에게는'으로 번역하는 게 자연스럽다. 따라서「私にとっては勉強についてだけでなく」는 '나에게는 공부에 대해서 뿐만 아니라'로 번역해야 한다.

잠시 쉬어가기　ホットひといき

❶ 敵に後ろを見せて勝つもの。
　 적에게 뒤를 보이고 이기는 것은?

❷ 目で見ないで口で見るもの。
　 눈으로 보지 않고 입으로 보는 것은?

◎ 다음은 번역 작품에 보이는 실제 오역 예입니다. 자연스럽게 번역해 봅시다.

**1**

> 昭和十六年入隊、中支に出征中戦傷を受け、第二陸軍病院に後送、終戦直前渡道、
> 日雇人夫として旭川市外神楽町に定住、結婚した。
>
> 1941년에 입대, 중국에 출정 중에 부상을 입고 제2육군병원에 후송되었으며, 종전 직전에 북해도에 건너가 품팔이 인부로서 아사히가와 시외 가라쿠쵸에 정주(定住), 결혼했다.

**Tip** ❶ 「…入隊、…戦傷を受け、…病院に後送、…渡道、…定住、結婚した」를 '…입대, …부상을 입고, …병원에 후송되었으며, …북해도에 건너가 …정주, 결혼했다'와 같이 일본식 문 연결형식 그대로 번역되어 있으므로 이것을 '…입대하여, …부상을 입고 …병원에 후송되었으며, …북해도로 건너가 …정착한 뒤에 결혼했다'로 번역해야 자연스러움.
❷ 한국어에는 없는 한자어 「定住」는 '정착'으로 번역.

**2**

> 所が更に不思議なことには、あの老人はどこへ行ったか、もうあたりにはそれらしい、
> 影も形もみあたりません。
>
> 그런데 더욱 이상한 일은 그 노인은 어디로 갔는지 벌써 그 근방에는 모습도 그림자도 보이지 않았습니다.

**Tip** ❶ 일본어의 경우 조사 「は」가 중복되어 쓰이는 경우가 많으나 한국 어로는 어색한 경우가 많으므로 '이(가)'로 번역. 「あの老人はどこへ行ったか」를 '그 노인이 어디로 갔는지'로 번역.
❷ 「それらしい、影も形もみあたりません」을 '비슷한 그림자 하나 보이지 않았습니다'로 번역.

**3**

あの死骸を見つけたのは、わたしに違いありません。それは山科の駅路からは、四五町程隔たっておりましょう。竹の中に痩せ杉の交じった、人気のない所でございます。

그 시체를 처음 본 것은 저임에 틀림없습니다. 그곳은 야마시나 역로에서 110미터쯤 산으로 들어간 곳입니다. 호리호리한 삼나무들이 대나무 덤불에 섞여 서 있는 호젓한 곳입니다.

**Tip** ❶ 「～にちがいありません」은 '～에 틀림없다'로 많이 오역되는 예 중 하나임.

❷ 「死骸を見つけたのは、わたしに違いありません」을 '시체를 발견한 것은 분명 저입니다'로 번역.

❸ 「駅路」는 한국어에 쓰이지 않는 한자어. '역 도로'로 번역.

1. 다음 문장의 (   ) 안에 들어갈 단어를 고르시오.

　❶ 冬休みの勉強会(　　　)ですが、参加できません。
　　① から　　　　　② なの　　　　　③ ながら　　　　　④ にも

　❷ いろいろな話が聞けるいい機会でした(　　　)、大変残念です。
　　① のだ　　　　　② のよ　　　　　③ ので　　　　　④ のが

　❸ 直接(　　　)、メールでのお願いで申し訳ありません。
　　① 伺わず　　　　② 聞かず　　　　③ 言わず　　　　④ 見ず


2. 다음 밑줄 친 부분을 번역한 것 중 가장 자연스러운 것을 고르시오.

　❶ <u>勉強会へのお誘い</u>ありがとうございました。
　　① 공부회에의 권유를　　　　　　　② 연구회로 초대
　　③ 스터디에 권유해서　　　　　　　④ 스터디에 불러 주셔서

　❷ <u>私にとっては</u>勉強についてだけでなく、いろいろな話が聞けるいい機会でした。
　　① 나에게 있어서는　　② 저에 대해서는　　③ 나에게는　　　④ 저에게 있어

　❸ 山下先生に原稿を<u>見ていただけたらと思っております</u>。
　　① 읽어 봐 주시면 좋겠다고 생각하고 있습니다
　　② 봐 주셨으면 하고 생각하고 있습니다
　　③ 읽어 받을 수 있으면 하고 생각합니다
　　④ 봐 주셨으면 합니다

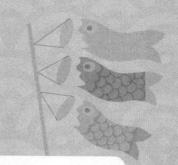

# 일본전통 신전 결혼식(神前結婚式)

　일본 신전 결혼식의 식순은 신사에 따라 조금씩 차이가 있다.

　신관과 무녀는 모두 신사의 신을 섬기는 신분이다. 신관은 신사에 참배하는 사람들과 신들 사이를 맺어주는 역할을 하고, 무녀는 신관을 보좌한다.

　신전 결혼식에서 중심이 되어 의식을 진행하는 신관을 斎主(さいしゅ), 그 외의 신관을 祭員(さいいん)이라 부르며, 祭員(さいいん)과 무녀가 斎主(さいしゅ)를 도와준다. 또한 아악을 연주하는 신관은 玲人(れいじん)이나 楽人(がくじん)、楽師(がくし)등으로 불린다.

　신사에 따라서는 무녀의 춤이나 신관에 의한 무악 등을 신전에서 봉납하며 신랑신부, 참석자 일동의 번영과 행복을 기원하는 곳도 있다.

　식장에서 참석자가 앉는 위치는 기본적으로 같다. 신전을 향해 식장의 중앙 우측에는 신랑, 좌측에는 신부가 앉는다(신사에 따라서는 신랑신부가 마주보고 앉는 경우도 있다). 중매인 부부는 신랑신부 뒤에 같은 방식으로 좌우에 착석한다.

　신랑의 가족은 우측, 신부의 가족은 좌측에 앉고 각 친척은 마주보듯 양가 부모의 순으로 앉는다(신사에 따라서는 신랑의 가족이 우측, 신부의 가족이 좌측으로 각각 신전 쪽을 향해서 앉는 경우도 있다).

　지금까지 신전 결혼식은 양가 부모·중매인·친척만이 참석하는 경우가 많았지만, 최근에는 많은 사람들에게 식을 보여주고 싶어 하는 신랑신부가 늘어서 친구들도 참석할 수 있도록 넓은 신전을 만든 호텔도 있다.

　신사에서도 공간적 여유가 있으면 희망에 따라 친척 이외에 친구들도 참가할 수 있도록 하는 곳도 있다. 또한 최근에는 중매인을 세우지 않고 신전 결혼식을 거행하는 경우도 증가하는 등 지금까지의 스타일과는 다르게 바뀌고 있다.

# 外来語

### 外来語と日本文化

　ここに、カードとカルタとカルテという三つの言葉がある。カードはふつう書きこみをして資料の整理や集計に使う、小さな紙のことであり、カルタは、百人一首のように遊びに使うもの、カルテは、医者が患者の病気の様子を書きこむ紙のことである。

　ただ、カード・カルタ・カルテという言葉には、一つだけ大きなちがいがある。それは、共に外国から来た言葉であるが、言葉を伝えた国がちがうということである。カードはもともと英語、カルタはポルトガル語、カルテはドイツ語なのである。

　ところが、英語でふつうカードという場合は、図書館のカードはもちろん、遊びに使う厚紙も、医者が病気の様子を書きこむ紙も、みなカードという。そればかりではない。似たような厚紙は、はがきもめいしも、みなカードなのである。ドイツ語のカルテの場合も、ポルトガル語のカルタの場合も、ほぼ同様である。つまり、これらの言葉は、もともとは字を記す厚手の紙を指す同じ言葉だった。それなのに、日本語に入ってきたとたんに、どれも意味がせまくなり、別々のちがう言葉のようになってしまったのである。

　一つの国が、他の国の言葉を使うようになるには、まずその国の間に交わりがなければならない。そして、いくら交わりがあっても、使い慣れた言葉があるものには、わざわざ他の国の言葉を借りないのがふつうである。「ご飯」という言葉があるのに、わざわざ「ライス」とよぶようなことがあるけれども、こういうことはふつうには起こらない。つまり、今までなかった品物や習慣・制度、初めて教わる技術や学問・宗教など、ひっくるめていえば、新しい文化が、外国から入ってきたときに、それを表す外国の言葉を取り入れるのがふつうなのである。そのうえ、国と国との交わりも、友達の交わりと同様に、いつごろ、どのような交わりを結んだかによって、受ける影響もさまざまである。カード・カルタ・カルテの意味のちがいには、これらの言葉をもたらした国々と日本との交わりのちがいが、反映しているのである。

　いろいろな国の文化は、たがいに交流して他の国々に吸収され、人類の心と暮らしを豊かにする。外来語は、その文化の交流の現れであるといえよう。

## 新しい言葉

カルタ　화투, 트럼프

書(か)き込(こ)む　기입하다, 써넣다

整理(せいり)　정리

百人一首(ひゃくにんいっしゅ)　백 명의 가인(歌人)이 쓴 와카(和歌:일본의 短歌) 한 수씩을 모은 것

様子(ようす)　모습, 상태

共(とも)に　함께, 모두

ポルトガル語(ご)　포르투갈어

厚紙(あつがみ)　두꺼운 종이

名刺(めいし)　명함

同様(どうよう)　마찬가지

もともと　원래

とたん　찰나, 순간

交(まじ)わり　교류, 교재

借(か)りる　빌리다

起(お)こる　일어나다, 발생하다

制度(せいど)　제도

技術(ぎじゅつ)　기술

宗教(しゅうきょう)　종교

表(あらわ)す　나타내다, 표현하다

その上(うえ)　게다가

受(う)ける　받다

さまざま　여러 가지, 가지각색

反映(はんえい)する　반영되다

吸収(きゅうしゅう)　흡수

豊(ゆた)か　풍부

カルテ　진료기록 카드

資料(しりょう)　자료

集計(しゅうけい)　집계

違(ちが)い　차이

違(ちが)う　다르다

ところが　그런데

〜ばかり　〜뿐, 〜만

ほぼ　거의

つまり　즉, 다시 말해

指(さ)す　가리키다

別々(べつべつ)　따로따로, 각각

使(つか)い慣(な)れる　늘 써서 익숙하다

こういう　이런

品物(しなもの)　물건

教(おそ)わる　가르침을 받다, 배우다

学問(がくもん)　학문

ひっくるめる　일괄하다

取(と)り入(い)れる　받아들이다

結(むす)ぶ　맺다, 잇다, 묶다

影響(えいきょう)　영향

もたらす　초래하다, 가져오다

交流(こうりゅう)　교류

人類(じんるい)　인류

現(あらわ)れる　나타나다

## 🔦 文法チェック

### 1. Nのこと/…ということ

ことは 단독으로 쓸 수 없고 반드시 수식어와 함께 쓸 수 있는 형식명사이다. 의미와 용법이 다양해 한국어 번역시 용이하지 않은 단어이다.

「Nのこと」도 많이 쓰이는 표현 중 하나인데 어떤 사물(혹은 사람)을 하나의 개체로서가 아니라 그것을 감싼 모든 것을 나타낸다. 그러므로 '어머니를 좋아하다'를 일본어역하면 「母のことが好きだ。」라고 하는데 이는 어머니의 모든 것을 좋아한다는 의미이기 때문이다. 또한 「…ということ」의 「こと」는 '…라는' 절에 붙어서 그 절에서 말하는 것이 사실임을 나타내는데 쓰인다.

> □ 昔の<u>こと</u>が思い出される。 옛날 일이 떠오른다.
>
> □ パーティの<u>こと</u>、皆に言った? 파티(에 관한 거) 모두에게 말했어?

### 2. ～には

'그렇게 하기 위해서는', '그렇게 하고 싶다면'의 뜻.

> □ そこに行く<u>には</u>お金がなければならない。 거기에 가기 위해서는 돈이 있어야 한다.
>
> □ 朝ご飯をたくさん食べる<u>には</u>どうしたらいいですか。
>   아침을 많이 먹으려면 어떻게 하면 됩니까?

### 3. ～の

「の」에는 여러 가지 표현을 명사화하는 기능이 있다. 이런 경우에는 「こと」와 바꾸어 쓸 수도 있다. 문말에 붙어 여러 가지 표현을 명사화하는 기능.

□ 道路が渋滞している。きっとこの先で工事をしている<u>の</u>だ。

　길이 막힌다. 틀림없이 이 앞에서 공사를 하고 있어.

□ 私のことがきらいな<u>の</u>だ。내가 싫은 거야.

## 1. だけ/ばかり

「だけ」와 「ばかり」는 둘 다 '한정(限定)'을 나타내는 조사이나 「だけ」는 '그것 이외에는 존재하지 않는다'는 의미가 강하고 「ばかり」는 '양이나 수가 많다'는 기분을 나타낸다.

> □ 兄弟はたくさんいるのに、いつも太郎ばかり/だけが用事を言いつけられる。
>   형제가 많은데 항상 타로한테만 일을 시킨다.

이 경우 太郎ばかり는 太郎한테 일을 시키는 횟수가 많다는 의미이고 太郎だけ는 항상 太郎한테만 시킨다는 의미를 나타낸다.

## 2. 複數의 ら/国々

일본어는 단수와 복수의 구별이 애매하며 한국어와 달리 보통명사의 복수표현이 없고 대표단수로 복수의 의미를 나타내는 경우가 많다. 물론 인칭대명사의 경우에는 복수를 나타내는 접미사 「たち」와 「ら」가 있지만 사물을 나타내는 명사는 복수 표현이 없다.

다만 같은 단어를 반복해서 쓰는 방법이 있지만 모든 명사에 다 해당되는 것은 아니다. 그러므로 번역할 때 단수로 사용되었더라도 복수로 번역해야 할 경우가 있으므로 주의해야 한다.

> □ コンサートには人でいっぱいです。콘서트에는 사람들로 가득합니다.
>
> □ ここから見える山々が日本アルプスです。
>   여기에서 보이는 산들이 일본의 알프스입니다.

**1**  カルテは、医者が患者の病気の様子を書きこむ**紙**のことである。

> **Tip**  「こと」는 형식명사로 여러 가지 의미로 쓰이고 있다는 것은 이미 언급했는데 여기에서는
> 「…(と)は…のことだ/意味だ」「…(と)は…ということだ/意味だ」의 형태로 정의를 내릴
> 때 사용하는데 '…는…를 말한다/라는 의미이다', 혹은 '…는…를 가리킨다'로 번역되므로
> 「病気の様子を書きこむ紙のことである」는 '의사가 환자의 병 상태를 기록하는(적어 넣는)
> 종이를 말한다/가리킨다/의미한다'가 된다.

**2**  つまり、**これらの言葉**は、もともとは字を記す**厚手の紙**を指す同じ**言葉**だった。それ
なのに、日本語に入ってきたとたんに、**どれも**意味がせまくなり、別々のちがう言葉
のようになってしまったのである。

> **Tip**  ❶ 일본어에는 원칙적으로 물질명사에 복수를 쓰지 않는데 비해 한국어에서는 가능하므로
> 「これらの言葉」는 '이 말들은'으로 번역하는 게 좋다.
> ❷ 「厚手」에서 「手」는 접미사로 정도의 뜻을 나타내는데 「厚手の紙」라고 하면 '두꺼운
> 종이'나 '두툼한 종이'가 된다.
> ❸ 「どれも意味がせまくなり」에서 「どれも」는 「だれ・なに・どれ・どこ・いつ」등의 의문
> 사와 마찬가지로 「も」와 함께 쓰여 모든 경우에 다 해당된다는 의미를 나타내는데 여기에
> 서는 '어느 것이나(모두) 의미가 좁아져'로 바꾸면 된다.

**3**  「ご飯」という言葉があるのに、わざわざ「ライス」とよぶようなことがあるけれども、
こういうことはふつうには起こらない

> **Tip**  ❶ 「わざわざライスとよぶようなこと」의 「ような」는 구체적인 내용을 예로 나타낼 때
> 사용하는데 '굳이 라이스라 부르는 것 같은 일'이라 번역할 수 있다.
> ❷ 「には」는 평가의 기준을 나타내는데 대비적인 의미가 내포되어 있다. 「ふつうには」라고

하면 '다른 때와 비교해서 보통은'이란 의미가 생긴다. 그러므로 「こういうことはふつうには起こらない。」는 '이러한 일은 보통 일어나지 않는다'로 번역하는 것이 자연스럽다.

잠시 쉬어가기　　ホットひといき

❶ 下から食べて上から吐き出すもの。
아래로 먹고 위로 내뱉는 것은?

❷ 離れたことがなく、いつも共稼ぎするもの。
떨어진 적 없이 항상 맞벌이 하는 것은?

◎ 다음은 번역 작품에 보이는 실제 오역 예입니다. 자연스럽게 번역해 봅시다.

**1**

> たぶんぼくの心には固い殻のようなものがあって、そこをつきぬけて中に入ってくるものはとても限られているんだと思う、と僕は言った。

> 아마 내 마음 속에는 딱딱한 껍질 같은 게 있어서, 거기를 뚫고 안으로 들어올 수 있는 사람은 매우 제한돼 있는 것같이 생각한다고 말했다.

**Tip** ❶ 「つきぬける」 : 보통 복합어로 「つき~」가 들어가면 강세의 의미가 있으므로, '꿰뚫다'로 번역.

❷ 「と思う」는 '라고 생각한다'로 자주 오역되어 문제시 되는 것 중의 하나이다. 추측 표현인 '일거다'로 번역하는 게 자연스럽다.

**2**

> 直子の話し方の不自然さは彼女がいくつかのポイントに触れないように気をつけながら話していることにあるようだった。 もちろんキズキのこともそのポイントのひとつだったが、彼女がさけているのはそれだけではないように僕には感じられた。

> 나오코 이야기의 부자연스러움은, 그녀가 몇 개의 포인트에 언급을 회피하듯 조심조심 이야기하는 데에 있는 것 같았다. 물론 기즈키에 관한 것도 그 포인트 중의 하나였는데, 나에겐 그녀가 회피하고 있는 것은 그것만이 아닌 것처럼 느껴졌다.

**Tip** ❶ 「直子の話し方の不自然さは」 : '나오코 이야기의 부자연스러움은'을 '나오코 이야기가 부자연스러운 것은'으로 번역.

❷ 「~にふれないように」 : '포인트에 언급을 회피하듯'을 '포인트에 대해 언급을 회피하듯'으로 번역.

❸ 「は」 : '나에겐 그녀가 회피하고 있는 것은 그것만이 아닌 것처럼 느껴졌다'에서 '나에겐'과 '~있는 것은'의 '은(는)'이 중복되므로 '있는 것이'로 번역하거나 '나에겐'을 빼고 '그녀가 회피하고 있는 것은 그것만이 아닌 것같이 느껴졌다'로 번역.

1. 본문을 읽고 질문에 답하시오.

① ふつう書き込みをして資料の整理や集計に使う小さな紙は何ですか。

✎

② 医者が患者の病気の様子を書き込む紙は何ですか。

✎

③ 百人一首のように遊びに使う紙は何ですか。

✎

④ カードはどこの国の言葉から来ましたか。

✎

⑤ カルテはどこの国の言葉から来ましたか。

✎

2. 다음 문장의 (　　　)안에 알맞은 단어를 넣으시오.

① 似たような厚紙は、はがき(　　　　　)めいし(　　　　　)、みなカードなのである。

② 日本語に入ってきたとたんに、(　　　　)意味がせまくなり、別々のちがう言葉のようになって
しまったのである。

③ 一つの国が、他の国の言葉を使うようになる(　　　　)は、まずその国の間に交わりがなければ
(　　　)。

④ 「ご飯」という言葉がある(　　　　)、わざわざ「ライス」とよぶようなことがあるけれども、こう
いうことはふつうには起こらない。

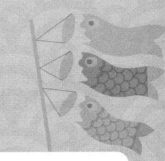

## てんぷらは 어느 나라 말?

일본어에는 수많은 외래어가 존재하고 있다. 본문 속에도 몇 개 등장했는데 그 밖에 일본인들이 즐겨 쓰는 외래어를 어원과 함께 좀 더 소개해 보겠다.

### ボタン(버튼)
포르투갈어의 보타웅에서 온 말로 원래는 "꽃봉오리"라는 뜻이다.

### カステラ(카스텔라)
스페인의 카스틸랴 지방에서 만들어지고 있어서 포르투갈어로 "카스틸랴 지방의 빵"이라고 불리는 데서 온 말이다.

### ハンバーガー(햄버거)
독일 함부르크 지방에서 미국에 들어와 햄버거라고 쓰이게 된 게 일본어에 전해져 일본식 발음으로 바뀐 말이다.

### シュークリーム(슈크림)
프랑스어로 "슈"는 양배추라는 뜻이다. 그 모양이 양배추와 닮아서 "크림이 든 양배추"라고 이름 붙여졌다. 프랑스어로는 "슈 아 라 끄렘므"라고 하므로 프랑스어 "슈"와 영어의 "크림"을 합해 일본어식으로 만든 말이라고 할 수 있다.

일본음식으로 제일 먼저 떠오르는 것이 すし(초밥)와 てんぷら(튀김)일 것이다. 하지만 てんぷら도 외래어라는 것을 알고 있는 사람은 많지 않을 것이다. てんぷら의 어원에는 두 가지 설이 있다. 하나는 포르투갈어이다. 포르투갈어에 "템페루"라는 말이 있는데 "조리"라는 뜻을 가지고 있다. 다른 하나는 스페인어와 이태리어이다. 동물이나 새 고기를 먹지 않고, 생선과 달걀을 먹는 "천상의 날(天上の日)"을 나타내는 "템포라"라는 말에서 온 것이 아닐까 하고 생각되는 설이다. 이밖에도 한국어로 "차"라고 발음하는 ちゃ(茶)가 있다. 이것은 차의 발상지인 중국에서 온 것인데 "차"라는 발음은 광둥어에서 유래하고 있다. 영어에서는 "차"를 "tea"라고 하지만 이것은 푸젠어의 "테"에서 유래하고 있다. 그러므로 "차"와 "tea" 둘 다 중국산이었던 것이다.

　이처럼 일본어에는 외래어인지 모르고 쓰는 말들이 의외로 많다. 한번 조사해 보면 이 말이 외래어였어? 하고 놀랄 말들이 많을 것이다.

　ちゃんぽん은 어느 나라 말에서 온 외래어일까?

# 実録鬼嫁日記

8月19日　真夏に卵かけご飯!?

嫁　「ねぇ。あなたの今日の弁当さぁ…、卵かけご飯でいいかしら?」

夫　「たっ、卵かけご飯…」

　　すまん、嫁よ…、

　　俺には、意味が全く分からんのだが…。有名な牛丼の店でさえも、夏の間
　　は生卵のお持ち帰りは禁止している。

　　もちろん、こんな暑さの中で生卵を持ち帰るのは、大変危険なことなのだ。
　　分かっている…。

　　それは日本中の主婦なら誰でもわかっていることだ。

　　なのに、うちの嫁は、卵かけご飯を本気で考えている。

夫　「お前、自分で何を言ってるのかわかってるのか?真夏に生卵を持っていくな
　　んて、自殺行為もいいとこじゃないか。」

嫁　「大丈夫よ…。あなたの胃だったら。」

夫　「…。」

嫁　「もう、こんな暑いし、朝早くから、あなたの弁当なんて作りたくないのよ
　　ね。悪いけど。」

全然、悪びれていないのが嫁らしい。

やさしい嫁だったら「明日、どんなおかずを作りましょうか」などと聞いてく

るんだろうが…。

嫁 「今どき、毎日弁当作っている主婦なんか、そういないわよ。弁当屋のおば

　　ちゃんじゃないんだから。」

夫 「いいか。働くお父さんのお弁当を朝からお母さんが一生懸命作ってくれ

　　る。これは昔から、みんなやって来た事じゃないか。地震・雷・火事・オヤ

　　ジ。昔のお父さんは恐い存在で、家族のみんなからは一目置かれてたもんだ

　　ぞ。もう少し俺に気配りをしてはくれないだろうか…」

嫁 「でも、うちのお父さんは、いつも…『うちは、お母さんが一番恐いから…』

　　って言ってたわよ。」

夫 「お義父さん。だめじゃないですか…。」

嫁 「とりあえず、暑いんで夏の間は弁当を作らないことに決めたから。」

　　決まったそうです…。

## 新しい言葉

嫁(よめ)　아내

卵(たまご)かけご飯(はん)　날달걀 밥

夫(おっと)　남편

俺(おれ)　나

牛丼(ぎゅうどん)　규돈, 소고기덮밥

生卵(なまたまご)　날달걀

もちろん　물론

主婦(しゅふ)　주부

お前(まえ)　너

自殺行為(じさつこうい)　자살행위

悪(わる)びれる　주눅 들다, 기가 죽다

今(いま)どき　요즘

働(はたら)く　일하다

雷(かみなり)　천둥, 우레

オヤジ　아버지

存在(そんざい)　존재

きくば(気配)り　배려

決(き)める/決(き)まる　결정하다/결정되다

真夏(まなつ)　한여름

~かしら　~일까

すまん　미안

全(まった)く　전혀, 완전히

店(みせ)　가게

持(も)ち帰(かえ)る　가지고 돌아가다[오다]

危険(きけん)　위험

本気(ほんき)(で)　진심으로, 진짜로

自分(じぶん)で　스스로

全然(ぜんぜん)　전혀

おかず　반찬

弁当屋(べんとうや)　도시락을 만들어 파는 집

地震(じしん)　지진

火事(かじ)　화재

恐(こわ)い/恐(おそ)ろしい　무섭다, 두렵다

一目置(いちもく)かれる　존경받다, 인정받다

とりあえず　우선

## 1. ～のに/～けど

「のに」는 역접의 의미로 사용된다. 前件에서 본래 예상된 것과는 다른 일이 後件에서 성립되어 그에 대한 놀람과 불만, 의외란 감정 등이 표현되는 것이 특징이다. 동사, 형용사는 기본형에 붙고 명사는 な형에 붙는다.

「けど」는 「けれど」와 함께 「けれども」의 축약형인데 회화체에 사용된다. 「けど」도 역접의 의미를 나타내나 「のに」와는 달리 後件에 대한 놀람, 불만 등의 의미는 없다. 역접의 의미가 「のに」에 비해 강하지 않고 前件과 後件을 대비적으로 열거하여 표현하는 경우도 있다. 또한 「けど」에는 역접의 의미가 전혀 없이 전제의 의미로 쓰는 경우도 있다.

> □ 一生懸命勉強した<u>のに</u>、テストではいい点数がとれなかった。
>   열심히 공부했는데도 시험에서는 좋은 점수를 받지 못했다.
> □ 寿司はおいしい<u>けど</u>、刺身はあまり好きではありません。
>   초밥은 맛있지만, 회는 그다지 좋아하지 않습니다.
> □ 話は変わります<u>けど</u>、明日遊びに行きませんか。
>   이야기가 바뀝니다만, 내일 놀러 가지 않으실래요?

## 2. ～ん

「ん」은 「ない」나 「の」의 축약형으로 회화체에서 많이 사용한다. 일본어는 대화상대에 따라 어휘 및 어법이 명확하게 구별되어 사용되고 있다.

「分からん」은 부정(否定)의 조동사 「ない」를 「ん」으로 축약한 형태로 「わからないこと」의 의미.

「ないんだから」와 「暑いんで」는 「ないのだから」 「暑いので」의 축약형으로 회화체. 편한 사이에 대화를 주고받을 때 주로 사용하며 윗사람에게는 사용하지 못한다.

> □ もうよくわから<u>ん</u>。이제 잘 모르겠어.
> □ あんまりおいしかった<u>ん</u>で、ぜんぶ食べてしまった。너무 맛있어서 전부 먹어버렸다.

### 3. ~たら/~なら

「たら」「なら」는 가정·조건을 나타내는 표현으로 「たら」는 일반적인 진리와 법칙을 말하는 '일반조건' 보다도 특정하게 개별적인 조건을 말할 때 사용하는 경향이 강하다. 이에 비해 「なら」는 상대방의 말과 상황을 바탕으로 자신의 의견이나 의뢰 및 충고를 하는 경우에 사용한다.

> □ もし、遅刻したら許さない。 만약 지각하면 용서하지 않겠다.
>
> □ 来週、時間があるなら飲みに行こう。 다음 주 시간 있으면 마시러 가자.

### 4. ~し

절과 절을 이어 서로 관련되어 있거나 동시적으로 일어나는 사건을 나타낸다. 또한 「ので」「から」보다는 부드러운 원인이나 이유를 나타내기도 하는데 그밖에도 이유가 있다는 의미를 내포하고 있다.

> □ 南さんはきれいだし、性格もいい。 미나미씨는 예쁘고 성격도 좋다.
>
> □ もう遅いし、そろそろ帰ります。 이제 늦었으니 슬슬 돌아가겠습니다.

## 1. ～かしら

体言이나 連体形에 붙어서 의심이나 수상쩍음을 나타냄. '～지 몰라', '～(한)지', '～일까'등 다양하게 번역됨.

> ▫ あら、何だった<u>かしら</u>？　어머 뭐였지?
>
> ▫ 森川さんは時々東京の会社にくるの<u>かしら</u>。모리카와 씨는 가끔 동경 회사에 오나?

## 2. ～らしい

명사에 붙어서 전형적인 성질이 잘 나타난다는 것을 보여줌. '～답다/같다'로 번역.

> ▫ 今日は<u>春らしい</u>天気だ。오늘은 봄 같은 날씨다
>
> ▫ もっと<u>女性らしく</u>なるための方法を紹介します。
>     더 여성답게 되기 위한 방법을 소개하겠습니다.

## 3. ～なんて/なんか

「～なんて」는 「など」에 격조사 「と」가 붙은 「などと」가 음변화된 것으로 어떤 사물을 예로 들어 가볍게 이야기할 때 사용한다. 「なんか」「…などということは」와 같은 의미로 「など」의 편한 회화체.

> ▫ あなた<u>なんて</u>大嫌い。넌 정말 싫어.
>
> ▫ 猫<u>なんか</u>よんでもこない。고양이 따위 불러도 안와.

**1**

> ねぇ。あなたの今日の弁当さぁ…、卵かけご飯でいいかしら？

**Tip** ❶ 「ねぇ」는 「あのね」의 생략형으로 보통 말을 꺼낼 때 쓰며 '저' 나 '있잖아'로 번역된다.

❷ 「今日の弁当さぁ」에서 「さぁ」는 문절의 단락에 붙여서 가벼운 다짐이나 상대방에게 강하게 주장하는 기분을 나타낸다.

'~말이야', '…(말이)야'로 번역. 「今日の弁当さぁ」는 '오늘 도시락 말인데'로 번역하는게 좋다.

❸ 「～でいい」는 허가와 양보를 나타낸다. 「～でもいい」의 회화체. '~해도 괜찮아(돼)'로 번역.

**2**

> もう、こんな暑いし、朝早くから、あなたの弁当なんて作りたくないのよね。悪いけど。

**Tip** ❶ 「こんな」는 지시어로 '이런'의 의미이지만 「こんな暑い」라고 하면 '이렇게 덥다'라고 부사로 수식하게 번역해야 한다. 여기에 원인이나 이유의 의미를 나타내는 「し」가 붙어서 '이렇게 더운데'로 번역하는 게 좋다.

❷ 「なんて」는 예로 들어 가볍게 말할 때 사용하는데 '따위'라고 번역될 때가 많다.

❸ 「のよね」는 종조사가 겹쳐서 사용된 예로 「の」는 여성이나 아이가 가벼운 투로 단정하는 경우 사용하며 「よ」는 자신의 생각을 상대에게 전해서 그렇게 하도록 하고 싶을 때 사용된다. 「ね」는 말하는 사람이 자신이 느낀 것을 상대에게 동의를 구하거나 의뢰, 확인, 다짐을 할 경우 사용된다.

**3**

> 家族のみんなからは一目置かれてたもんだぞ。

**Tip** ❶ 「家族のみんなからは」에서 「の」는 생략하고 '가족 모두에게는'으로 번역. 「一目置かれてた」는 「一目置かれていた」의 회화체로 '존경받다'는 의미이다. 「もんだぞ」는 「もの

だぞ」의 축약형으로 「ものだ」는 '진리, 본래의 성질, 일반적인 사실'등을 나타낼 때 사용하며 「ぞ」는 현재 상황을 확실하게 알게 하거나 틀림이 없도록 강하게 다짐해서 말할 때 쓴다. 따라서 '받았단말야', '받았어' 등으로 번역할 수 있다.

잠시 쉬어가기    ホットひといき

❶ 白い着物を着て、真っ赤な顔をして、涙ながしているもの。
하얀 옷을 입고 새빨간 얼굴로 눈물 흘리는 것은?

✎

❷ 昼間小さく、夜大きくなるもの。
낮에 작고 밤에 커지는 것은?

✎

◎ 다음은 번역 작품에 보이는 실제 오역 예입니다. 자연스럽게 번역해 봅시다.

**1**

眼帯をかけて片目になった夏枝は、遠近が定まらなかった。定まらないままに、彼女はじっとゴミをみつめていた。

> 안대를 걸고 애꾸눈이 된 나쓰에는 원근을 잘 분간할 수 없었다. 그녀는 그런 채로 잠자코 석탄가루를 지켜보고 있었다.

**Tip** ❶ 「眼帯をかけて片目になった夏枝」를 '안대를 쓰다'로 번역.
   ❷ 「て」는 단순연결 '~고'의 의미와 원인·이유의 '~(어)서'의 의미가 있는데 「眼帯をかけて片目になった夏枝」는 원인·이유가 되므로 '안대를 써서 한쪽 눈이 안보이게 된 나쓰에'로 번역.

**2**

しかもあの幼い細いくびが何者かにしめ殺されたのかと思うと、啓造は大声でわめきたい思いだった。

> 게다가 그 어린 가느다란 목이 어떤 놈에게 졸려서 죽임을 당했다고 생각하자 게이조오는 큰 소리로 통곡을 하고 싶었다.

**Tip** ❶ 「あの幼い細いくびが何者かにしめころされたのかと思うと」를 능동표현 '어떤 놈이 그 어린 것의 가느다란 목을 졸라 죽였다고 생각하니'로 번역.
   ❷ 「あの幼い細いくび」: '어린 가느다란 목'을 '어린 것의 가느다란 목'
   「大声でわめきたい思いだった」: '큰소리로 통곡을 하고 싶었다'를 '큰소리로 통곡하고 싶은 심정이었다'로 번역.

1. 다음 문장의 (　　) 안에 들어갈 단어를 고르시오.

　❶ 今日の弁当さぁ…、卵かけご飯(　　　)いいかしら?
　　① を　　　　　　② に　　　　　　③ が　　　　　　④ で

　❷ 有名な牛丼の店で(　　　)も、夏の間は生卵のお持ち帰りは禁止している。
　　① さえ　　　　　② だけ　　　　　③ から　　　　　④ のに

　❸ 日本中の主婦(　　)誰でもわかっていることだ。
　　① なら　　　　　② でも　　　　　③ たら　　　　　④ けど

　❹ 朝早くから、あなたの弁当(　　)作りたくないのよね。
　　① さえ　　　　　② なんて　　　　③ だけ　　　　　④ なら

2. 다음 밑줄 친 부분의 번역이 잘못된 것을 고르시오.

　❶ なのに、うちの嫁は、卵かけご飯を① 本気で考えている。お前、② 自分で何を言ってるのか
　　わかってるのか?真夏に生卵を③ 持っていくなんて、自殺行為も④ いいとこじゃないか

　　① 본마음으로　　　② 자신이　　　③ 가지고 가다니　　④ 정도가 있지

# 일본인의 '벤토(도시락)' 사랑

일본인들이 가장 좋아하는 것으로 벤토'를 꼽을 수 있다. 일본인들에게 도시락은 즐거움과 기쁨의 상징이다. 일본인들에게 벤토'하면 무엇이 떠오르냐고 물으면 열에 아홉은 하나미(꽃놀이)'와 히노마루 벤토(일장기 도시락)'라고 대답할 것이다.

일본에서는 봄이 되면 대부분 벚꽃놀이를 간다. 이때 벤토는 필수인데 벚꽃나무 아래서 벤토를 먹으면서 이야기꽃을 피우는 것이 하나의 의식처럼 되어 있다.

도시락이 발달되지 않았던 옛날, 여행자나 바깥에서 일하는 사람들은 오니기리(주먹밥)나 호시이(현미를 쪄서 말린 것)를 가지고 다니다가 먹었다고 한다. 오늘날의 도시락과 비슷한 형태가 나타난 것은 에도시대인데 꽃구경이나 뱃놀이 연극구경 등을 갈 때 칠기로 된 찬합에 음식을 넣어가지고 가서 먹은 것이 시초라고 한다.

일본은 가히 도시락의 천국이라고 할 수 있다. 그 종류도 무척이나 다양하며 심지어 도시락을 싸는 보자기만 해도 여러 가지가 있다. 특히 일본의 수많은 도시락 중에서도 가장 널리 사랑받는 것 중의 하나가 에키벤(駅弁)이다. 에키벤은 기차역에서 판매하는 도시락으로 역과 벤토의 합성어이다. 1885년 7월 도쿄의 우에노(上野)와 우쓰노미야(宇都宮) 사이에 철도가 처음 개통되었을 때 우메보시(매실 장아찌)가 든 주먹밥과 죽순에 싼 단무지를 5전에 판매한 것이 효시라고 한다.

일본의 최북단 홋카이도의 와카나이 역에서 최남단 가고시마의 야마카와 역까지 2687Km의 철도에는 정거하는 역마다 그 고장의 향기가 배어 있는 색다른 도시락을 판다.

그러면 일본에서 이렇듯 도시락 문화가 발달한 이유는 무엇일까?

우선 일본은 더운 기후 탓으로 찬 음식을 먹는 문화가 발달했다. 또 다른 이유로 일본인들은 우리처럼 음식을 한 그릇에 담아 함께 먹지 않고 따로 먹기 때문에 혼자 먹는 벤토를 선호하는 것이 아닌가 싶다. 마지막으로 벤토가 비교적 값이 싸기 때문에 사랑을 받는다고 할 수도 있다.

**MEMO**

# 落語

弥太郎さんが、本をたくさん読んでいるご隠居さんの所を訪ねます。

弥太郎　「隠居さん。こんちは。」

ご隠居　「あー。よく来たね」

弥太郎　「本ばかり読んでいますが、おもしろいんですか」

ご隠居　「世間が明るくなるな」

弥太郎　「電気がいらなくなるんですか？」

ご隠居　「そうじゃない。ものしりになる」

弥太郎　「あっしの知らないことを知っているのですか」

ご隠居　「まぁ。たいがいのことは、答えられるよ」

弥太郎　「たどんの上下とか、がんもどきのうらおもてなんかもわかるんですか」

ご隠居　「もう少し、まともなことをききなさい」

弥太郎　「婚礼のことを嫁入りっていいますが、なぜですか？」

ご隠居　「かんたんなことだ。目が男に二つ、女に二つ、あわせて四つだから、
　　　　　四目入りだな」

弥太郎　「へー。目からきているんですね。それで、めでたいんだな。」

弥太郎　「いった日から奥さんとなりますが」

ご隠居　「家の奥で、子供を産むからだよ」

弥太郎　「つまらないこと、きいちゃったな」

ご隠居　「ははは」

弥太郎　「人は死んだらどうなるんです？」

ご隠居　「ふつう、極楽へいくな」

弥太郎　「極楽というのは、どこにあるんです？」

ご隠居　「十万億土の向こうにある」

　　　　　(地上の端の向こうがわにある)

弥太郎　「向こうといいますと？」

ご隠居　「西方阿弥陀の淨土だ」

弥太郎　「西方阿弥陀の淨土といいますと？」

ご隠居　「西方だから、西の方だな」

弥太郎　「高円寺とか荻窪のへんですか？」

ご隠居　「もっと、ずーっと西の方だ」

弥太郎　「ずーっと、西の方と言いますと？」

ご隠居　「たいへんなところだ」

弥太郎　「たいへんなところといいますと？」

ご隠居　「お前のようなやつは、地獄へいくぞ」

弥太郎 「地獄というのは、どこにあるんです？」

ご隠居 「極楽のとなりだよ」

弥太郎 「極楽は？」

ご隠居 「地獄のとなり」

弥太郎 「地獄は？」

ご隠居 「うるさいなぁ。もう帰りなさい」

弥太郎 「極楽を見るまでは、帰りません」

ご隠居 「しかたない。こっちへおいで」

弥太郎 「これは、仏壇ですね」

ご隠居 「これが極楽。みんな死ぬとここにきて仏になる」

弥太郎 「鶴も亀も死ぬとここへ来て仏になれますか？」

ご隠居 「いや。畜生だから仏にはなれない」

弥太郎 「仏になれなければ、何になりますか？」

ご隠居 「よく見なさい。ロウソク立てになる」

弥太郎 「…」

## 新しい言葉

隠居(いんきょ)　은거, 노인

電気(でんき)　전기

あっし　나, 저

答(こた)える　대답하다

がんもどき　유부

まとも　정상, 정면

嫁入(よめい)り　시집, 결혼

奥(おく)　깊숙한 곳, 안채

つまらない　시시하다, 따분하다, 재미없다

十万億土(じゅうまんおくど)　극락세계

西方阿弥陀(さいほうあみだ)の淨土(じょうど)　서방아미타(불) 정토

高円寺(こうえんじ)　고원사

荻窪(おぎくぼ)　동경에 위치한 지명

ずっと　훨씬, 아주

やつ　놈

うるさい　시끄럽다

お出(い)で　가라(와라, 있어라)의 친근한 말, 가다(오다, 있다)의 높임말

仏壇(ぶつだん)　불단

鶴(つる)　학

畜生(ちくしょう)　짐승, 동물

世間(せけん)　세상

ものしり　박식, 박식한 사람

大概(たいがい)　대개

たどん　숯덩이

裏表(うらおもて)　안팎, 겉과 속

婚礼(こんれい)　혼례

簡単(かんたん)　간단

産(う)む　낳다

極楽(ごくらく)　극락

向(む)こう　저편, 맞은편

～とか　～라든가

もっと　더

お前(まえ)　너, 자네

地獄(じごく)　지옥

しかたない　할 수 없다

仏(ほとけ)　부처님

亀(かめ)　거북이

ロウソク立(だ)て　촛대

## 文法チェック

### 1. 終助詞 : ね/よ/な/ぞ

「ね」는 말하는 사람이 자신이 느낀 것을 상대에게 동의를 구하거나 의뢰, 확인, 다짐을 할 경우 사용된다.

「よ」는 자신의 생각을 상대에게 전해서 그렇게 하도록 하고 싶을 때 사용된다. 또한 상대가 명령이나 의뢰하는 내용에 반한 행위를 하는 경우, 그것을 탓하는 느낌이 나타난다. 따라서 「ね」에 비해 자기의 주장이 강하게 느껴지는 표현이다. 「な」는 말하는 사람의 느낌이나 감동의 기분을 나타내며, 자신의 느낌과 생각에 대해 상대에게 동의를 구할 때도 쓸 수 있다. 「ぞ」는 보통 손윗사람이 손아래사람에게 현재 상황을 확실하게 알게 하거나 틀림이 없도록 강하게 다짐해서 말할 때 쓴다. 이밖에도 자신의 판단과 결심을 혼잣말로 할 때도 쓰인다.

□ 彼女は、美人だね。 그녀는 미인이네.

□ 日本語の勉強は楽しいよ。 일본어 공부는 재미있어요.

□ あの人の日本語はきれいだな。 저 사람의 일본어는 매끄럽군.

□ 宿題を出さないと、先生に怒られるぞ。 숙제를 내지 않으면 선생님한테 혼나지.

### 2. ~なさい

명령과 지시를 나타낸다. 보통 타이르는 입장에 있는 사람이나 친한 관계의 사람들 사이에서 사용한다.

□ 遊んでばかりいないで、勉強しなさい。 놀지만 말고 공부하세요.

□ 人の言うことを聞きなさい。 다른 사람 하는 얘기를 들으세요.

## 関連語句学習

### 1. 知る/分かる

「知る」는 사물을 외부적으로 인식하는 것이고 「分かる」는 사물의 실태를 파악하는 것이다. 다시 말해서 「知る」는 지식의 의미를 나타내고 「分かる」는 이해여부를 나타낸다. 다른 사람에 대해 말할 경우에는 「知る」 「分かる」 둘 다 쓸 수 있지만 「知らない」라고 하면 찬 느낌이 들기 쉬우므로 「分からない」가 많이 사용된다.

> □ 私は寿司の味を<u>知らない</u>。 나는 초밥의 맛을 모른다.(안 먹어봐서 어떤 맛인지 모른다)
> □ 私は寿司の味が<u>分からない</u>。 나는 초밥의 맛을 모른다.(먹어봤지만 맛을 잘 모르겠다)
> □ 粟村さんはいつ結婚しますか。 아와무라씨는 언제 결혼합니까?
> □ さあ、ちょっと<u>分かりませんが</u>。 글쎄. 잘 모르겠습니다만.

### 2. 世間

「世間」은 '세상', '사회', '속세'등 다양한 의미로 사용되므로 번역할 때 조심해서 써야 한다. 특히 「世間知らず」라는 말이 많이 쓰이는데 이때는 '세상 물정에 어두운 사람'이라고 번역해야 한다.

> □ あの人は、<u>世間</u>知らずだ。 저 사람은 세상물정에 어두운 사람이다.
> □ <u>世間</u>は、狭い。 세상은 좁다.

## 1

弥太郎さんが、本をたくさん**読んでいる**ご隠居さんの所を**訪ねます**。

**Tip** ❶ 「ている」에는 진행, 상태, 반복, 경험, 습관의 의미 외에도 경우에 따라서는 직업을
나타내는 경우도 있다. 예를 들면 「土井先生は英語を教えています。」라고 하면 지금
영어를 가르치고 있다는 의미도 되지만 영어 선생님이란 의미로도 쓰일 때는 '도이선생님
은 영어를 가르칩니다'라고 번역해야 한다. 「本をたくさん読んでいる」도 현재 진행의
뜻이 아니므로 '책을 많이 읽는'으로 번역하는 것이 좋다.

❷ 「ご隠居さんの所を訪ねます」의 「訪ねます」
일본어의 시제는 한국어와 다른 점이 많기 때문에 번역시 오역하기 쉽다. 특히 현재형과
미래형의 용법이 한국어와 다르고 「ている」의 형태로 현재를 나타내기도 하므로 주의해
야 한다.
그러나 희곡·각본 등에서 배우의 동작을 나타내는 지문은 현재형만 사용하기 때문에
「ご隠居さんの所を訪ねます」의 「訪ねます」도 현재형으로 쓰였지만 '방문했다, 찾아갔
다'로 번역하는 것이 자연스럽다.

## 2

極楽を見るまでは、**帰りません**

**Tip** までは는 사건이나 일을 나타내는 절에 붙어서 그 사건이 일어나기 전부터 계속됨을 나타내는
데 시간적인 의미를 내포하므로 '…할 때까지는'이라고 번역해야 한다. 帰りません은 의지를
나타내는 표현이다. 그러므로 이 문장은 한국어로 바꾸면 '극락을 볼 때까지는 돌아가지
않겠습니다'가 된다.

잠시 쉬어가기　　ホットひといき

❶ 拭けば拭くほどよごれるもの。
　닦으면 닦을수록 더러워지는 것은?

❷ 頭をたたかれないと役に立たないもの。
　머리를 맞지 않으면 쓸모가 없는 것은?

◎ 다음은 번역 작품에 보이는 실제 오역 예입니다. 자연스럽게 번역해 봅시다.

**1**

> 良平は一人いらいらしながら、トロッコのまわりをまわってみた。トロッコには頑丈な車台の板に、はねかえった泥が乾いていた。
>
> 료헤이는 혼자 안달이 나며 밀차 둘레를 돌아보았다. 튼튼한 차대의 두꺼운 널빤지에는 튀어오른 진흙이 마르고 있었다.

**Tip** ❶ 「いらいらしながら」: '안달이 나며'는 자동사표현에 동시동작의 용법인 「ながら(~하며)」를 써서 한국어로 부자연스러우므로, '안달이 나서'로 번역.

❷ 「~ている」: '튼튼한 차대의 두꺼운 널빤지에는 튀어 오른 진흙이 마르고 있었다(「トロッコには頑丈な車台の板に、はねかえった泥が乾いていた」)'는 의미가 난해하므로 '밀차에는 튼튼한 받침대의 널빤지에 진흙이 튀어 말라붙어 있었다'로 번역.

※ 특히 「乾いていた」는 '현재진행'의 의미가 아니고 '완료상태'의 의미이므로 '마르고 있었다'보다는 '말라 있었다'로 번역.

✎

**2**

> そして、その人の潜在意識から発せられる言葉に決して耳を傾けないという節度を、私は自分に課するのである。
>
> 그리고 그 사람의 잠재의식 속에서 나오는 말에 절대 귀를 기울이지 않는다고 하는 절도를 나는 자신에게 부과하는 것이다.

**Tip** ❶ 「傾けない」는 의지표현이므로 '기울이지 않는다'보다는 '기울이지 않겠다'로 번역.

❷ 「耳を傾けないという節度を、私は自分に課するのである」를 '귀를 기울이지 않겠다고 하는 절도를 나는 자신에게 부과하는 것이다'로 번역하면 너무 직역된 느낌이 들어 부자연스러우므로 '귀를 귀울이지 않겠다는 결심을 내 스스로 하게끔 한다'로 번역.

✎

## 練習問題

1. 본문을 읽고 다음 물음에 답하시오.

   ❶ ご隠居さん毎日何をしていますか。

   ✎

   ❷ 婚礼のことを嫁入りっていうのはなぜですか。

   ✎

   ❸ 人は死んだらどうなるんですか。

   ✎

   ❹ 地獄はどこにあるんですか。

   ✎

2. 다음 밑줄 친 단어의 의미를 쓰시오.

   ❶ 鶴も亀も死ぬとここへ来て<u>仏</u>になれますか？　　✎

   ❷ よく見なさい。<u>ロウソク立て</u>になる。　　✎

   ❸ もう少し、<u>まともな</u>ことをききなさい。　　✎

   ❹ 婚礼のことを<u>嫁入り</u>っていいますが、なぜですか？　　✎

   ❺ <u>つまらない</u>こと、きいちゃったな。　　✎

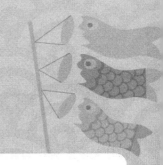

# 落語 「猫の皿」
## 만담 '고양이의 접시'

落語는 지금부터 300년 이전 에도시대(江戸時代)에 시작되었다. 이 시대에 많은 사람들 앞에서 재미있는 이야기를 들려주고 돈을 받는 사람이 있었는데 이 재미있는 이야기를 落語라고 하고 落語를 하는 사람을 落語家라고 한다. 落語家는 혼자서 여러 사람의 목소리와 몸짓을 하며 재미있는 이야기를 한다. 지금도 落語는 아주 인기가 많다. 에도시대의 가장 유명한 落語 「猫の皿」를 소개하 겠다.

시골에 가서 골동품을 싸게 사다가 에도에서 비싸게 파는 한 남자가 있었다. 어느 날 남자는 찻집에서 차를 마시며 밖을 내다보고 있었는데 고양이 밥그릇을 보고 깜짝 놀라 자세히 살펴보았다. 고양이 밥그릇이 엄청 값나가는 골동품이었기 때문이다. 남자는 머리를 써서 주인에게 말했다.
"고양이가 아주 귀엽네요. 저도 고양이를 무척 좋아해서 쭉 길렀는데 그만 기르던 고양이가 어디론 가 달아나 버려서…주인양반 이 고양이를 나한테 주지 않겠습니까?"
"그건 곤란한데요. 이 고양이는 가족과도 같아서…."
"그럼, 세 냥 드릴게요. 어떻습니까?"
"정 그러시다면 할 수 없군요. 드리지요."
남자는 회심의 미소를 지었다. 그리고 주인에게 세 냥을 내주며 말했다.
"아참, 이 고양이 밥그릇도 함께 가져갈게요."
그러자 주인이 딱 잘라 말했다.
"그건 안됩니다. 이건 굉장히 값비싼 접시입니다. 집에 놔두면 위험해서 여기에 갖다 놓은 겁니다. 게다가 이렇게 접시를 갖다놓으니까 고양이를 세 냥에 사가는 사람들도 있고요."

# MEMO

# 世界の中心で、
# 愛をさけぶ

議題には興味ない様子でおしゃべりをする生徒たち。

見かねた学級委員がパンッと机を叩く。しんと静まり返る教室。

**アキ** 「目覚めた時のジュリエットの気持ってどうだったんだろう…好きな人が先
にいなくなる気持」

**サク** 「重じいに聞いてみりゃいいよ」

**アキ** 「なんで？」

**サク** 「ここだけの話…写真館の重じいの初恋の人って、校長の先生だったんだっ
て。本当は結ばれるはずだったんだけど、戦争という時代に邪魔されて結ば
れなかった…って言っても片思いなんだけどね、結局」

**アキ** 「うそー」

**サク** 「その思いは今でも続いてるんだから。百年の半分もひとりの人のことを
思ってられるなんて信じられないよ」

墓地(夜)

木々に囲まれた墓地の中、懐中電灯で照らしながら歩いてくるサクとアキ。

**サク** 「にしても無茶苦茶だよ、これ。へたしたら犯罪だよ」

**アキ** 「どうして？ロマンチックで素敵じゃない」

サク 「重じい、この骨どうするつもりなんだろ？自分の墓まで持ってくんじゃないの？」

アキ 「そっかー。重じい、同じお墓に入れないんだもんね」

サク 「誰かくるー」

アキとサク、墓石の陰に隠れる。


乗降口

大人になった朔太郎が立っている。

朔太郎の聴くウォークマンからはあの日のアキの声が聞こえている。

アキの声「十月二十八日…どうしてかな、眠れないの…明日が来るのが怖くて眠れないの…あたし、もうすぐ死ぬと思う…でも、私のサクへの思いは変わりません」

## 新しい言葉

議題(ぎだい)　의제

様子(ようす)　모습, 상태

~かねる　~하기 어렵다

パンッと　쾅하고

しんと　조용히, 잠잠하게

静(しず)まり返(かえ)る　아주 조용해지다, 쥐죽은 듯 조용하다

目覚(めざ)める　깨어나다, 잠이 깨다, 눈뜨다

初恋(はつこい)　첫사랑

邪魔(じゃま)　방해

信(しん)じる　믿다, 신뢰하다

懐中電灯(かいちゅうでんとう)　회중전등

無茶苦茶(むちゃくちゃ)　엉터리, 터무니없음

素敵(すてき)　멋지다, 아주 근사하다

墓(はか)　무덤, 묘

陰(かげ)　그늘, 뒤, 가려진 곳

乗降口(じょうこうぐち)　승강구

興味(きょうみ)　흥미

おしゃべりをする　잡담하다

学級委員(がっきゅういいん)　학급위원

叩(たた)く　때리다, 두드리다, 치다

写真館(しゃしんかん)　사진관

結(むす)ぶ　맺다, 묶다, 연결하다, 체결하다, 이루다

片思(かたおも)い　짝사랑

墓地(ぼち)　묘지, 무덤

照(て)らす　비추다, 비추어 밝히다

犯罪(はんざい)　범죄

骨(ほね)　뼈, 유골

墓石(はかいし)　비석

隠(かく)れる　숨다

## 1. 〜みりゃいい

「みりゃ」는「みれば」의 보통 회화체. 보통 회화체에서는 어미의 '자음+eba'가 '자음+ya'가 되는 경우가 많다. 예를 들면 あれば→ありゃ　行けば→行きゃ　飲めば→飲みゃ　なければ→なけりゃ/なきゃ　등이 있다.

「みりゃいい」는 '해보면 좋다(된다)'의 의미로 쓰인다.

> □ 食べて<u>みりゃいい</u>。 먹어보면 돼.
>
> □ 行って<u>みりゃいい</u>。 가보면 돼.

## 2. 〜つもりだ

사전에 결의해서 굳어진 의지나 의도를 나타낸다. 「予定だ」가 다른 사람과 상의한 결과 정한 것이나 공적인 결정사항을 나타내는데 비해 「つもりだ」는 개인적인 의도를 나타낸다.

> □ 今日から日本語の勉強を頑張る<u>つもり</u>です。
>   오늘부터 일본어 공부를 열심히 할 생각입니다.
>
> □ 来週アメリカへ旅行に行く<u>つもり</u>です。 다음 주에 미국으로 여행 갈 생각입니다.

## 3. 〜の

문말에 下降調의 인토네이션으로 여성과 아이들이 가볍게 단정할 때 쓴다.

> □ お酒を飲みすぎたらちょっと気分が悪い<u>の</u>。 과음했더니 기분이 좀 안 좋아.
>
> □ お母さん、あの子がいじわるする<u>の</u>。 엄마 저 애가 심술부려.

### 1. ~かねる

동사의 연용형(マス형)에 붙어서 그렇게 하는 것이 곤란하거나 불가능하다는 의미를 나타낸다. '아무리 하려고 해도(노력해도) 불가능하다'란 의미가 있다. 문장체.

> □ いじめに耐え<u>かねて</u>学校を止めたみたいです。
> 　왕따를 견디다 못해 학교를 그만둔 것 같습니다.
> □ 参加費の返金はし<u>かねます</u>。 참가비는 돌려주기 힘듭니다.

### 2. ~って

크게 주제와 인용의 의미가 있다.
❶ 주제: 어떤 화제를 들어 정의와 의미에 대해 말하거나 평가를 할 때 쓰인다. 「は」에 해당하는 회화체 표현.
❷ 인용: 인용의 「と」에 대응하는 보통회화체 표현. 남녀 구별 없이 널리 사용되고 있다. 뒷부분을 생략하고 들은 것을 전달할 때도 사용한다.

> □ 電話で聞いてみたけど、キャンセルできない<u>って</u>。
> 　전화로 물어봤는데 취소할 수 없대.
> □ 会議はもうすぐ終わる<u>って</u>言ってました。 회의는 이제 곧 끝난다고 했습니다.

### 3. ~んだって

「のだ/んだ」에 인용의 「って」가 붙어 남에게 전해들은 정보를 말할 때 전문의 뜻으로 쓰인다. 남녀 차이 없이 사용되나 손윗사람에게는 사용할 수 없다. 「です」가 들어있는 「んですって」도 손윗사람에게는 사용하지 못한다.

□ あの店のケーキ、けっこうおいしい<u>んですって</u>。 저 가게 케이크, 아주 맛있대요.

□ 金田さん、来月結婚する<u>んだって</u>。 가네다씨 다음 달에 결혼한대.

## 4. ～なんて

뒤에 「うらやましい」 「ひどい」 등의 평가를 나타내는 표현을 사용하여 평가의 대상이 되는 사항을 나타낸다. 의외나 경멸의 기분 등을 나타내는 경우가 많다. 보통회화체 표현.

□ こんなところであなたに会う<u>なんて</u>、びっくりしました。
이런 곳에서 당신을 만나다니 놀랐습니다.

□ 息子さんがハーバード大学に入学した<u>なんて</u>、信じられない。
아드님이 하버드 대학에 입학했다니 믿을 수 없어.

## 5. ～ものだ(もんね)

「もんね」는 「ものだ」의 회화체로 쓰이며 진리, 일반적인 사실, 본래의 성질 등에 대해 일종의 감개를 담아 말할 때 쓰인다.

□ 運命はなかなかわからない<u>ものだ</u>(もんね)。 운명은 좀처럼 알 수 없는 거야.

□ 人生なんて、寂しくてはかない<u>もんね</u>。 인생이란 외롭고 덧없는 거야.

## 翻訳ポイント

**1**

議題には**興味ない様子**でおしゃべりをする生徒たち。**見かねた学級委員**がパンッと机を叩く。**しんと静まり返る**教室。

**Tip** ❶ 興味ない様子でおしゃべりをする :「様子」는 '모습, 태도, 기미'란 뜻. '흥미 없는 얼굴로 떠들어대는 학생들'로 번역.
❷ 見かねた学級委員がパンッと机を叩く :「見かねた」는 '보다 못한'의 의미. '보다 못한 학급 위원이 탁하고 책상을 친다'로 번역.
❸ しんと静まり返る教室 :「しんと」는 '잠잠히, 아주 조용한'이란 의미. 「静まり返る」는 '아주 조용한'이란 뜻. '쥐 죽은 듯이 아주 조용한 교실'로 번역.

**2**

**ここだけの話**…写真館の重じいの**初恋の人って、校長の先生だったんだって**。本当は**結ばれるはずだったんだけど**、戦争という時代に邪魔されて結ばれなかった…**って言っても片思いなんだけどね、結局**

**Tip** ❶ ここだけの話: '우리끼리 얘긴데'로 의역
❷ 初恋の人って、校長の先生だったんだって:「って」는 인용의「と」의 의미이고「んだって」는 '이었대'란 의미이므로 '첫사랑 말이야 교장선생님이었대'로 번역.
❸ 結ばれるはずだったんだけど:「はず」는 당연하다고 생각한 것을 말할 때 사용하므로 '당연히 맺어질 거였는데'로 번역.
❹ って言っても片思いなんだけどね、結局:「って」는 인용을 나타냄.「って言っても」는 '그렇다고 해도'의 의미이므로 '그래봤자'로 번역.「結局」의 번역순서에 주의.

**3**

どうしてかな、**眠れないの**…明日が来るのが怖くて**眠れないの**…わたし、**もうすぐ死ぬ**と思う…でも、私のサクへの思いは変わりません

**Tip** ❶ 眠れないの…眠れないの:「眠れない」는 자발과 불가능의 의미. 두「眠れない」를 각각

'잠이 오질 않아'와 '잘 수가 없어'로 번역.

❷ もうすぐ死ぬと思う: 「と思う」는 불확실한 추측을 나타낼 때 쓰므로 '이제 곧 죽을 거야'로 번역.

❸ 私のサクへの思いは変わりません:

「への」는 '~에 대한' 혹은 '~를 향한'으로 번역.

「思い」는 '생각'보다는 '마음'으로 번역하는 것이 좋음.

「変わりません」은 정중표현이지만 전후 문맥으로 보아 보통체로 바꾸는 것이 적절함.

-日本の小噺-

| | |
|---|---|
| 冬の夜 | 겨울 밤 |
| 尿意をもよおした男 | 소변이 보고 싶어진 남자 |
| 雨戸を開けようとしたが | 덧문을 열려고 했는데 |
| 凍り付いてあかない。 | 꽁꽁 얼어붙어 열리질 않는다. |
| しかたなく小便を | 할 수 없이 소변을 |
| 雨戸にかけてとかし | 덧문에 보아서 녹인 뒤에 |
| あけて外に出た。 | 열고 밖으로 나갔다. |
| 「はてオレは何しに出たんだろう?」 | '근데 내가 뭐 하러 나왔더라?' |

◎ 다음은 번역 작품에 보이는 실제 오역 예입니다. 자연스럽게 번역해 봅시다.

**1**

> 桂子 ：「本当はお詫びじゃなくてお礼です。命を助けていただいたんですから」
> 拓郎 ：「私に頼みって」
> 美佐子：「あれから気持が落ち着くまでって事でうちで半月程お世話してたんだけど、やっぱり東京に戻りたくないってことになって、それならボンヤリしてるより働いたほうがいいでしょう。いや、もちろん寝泊まりはお寺の方でしてもらうのよ」

> 케이코 : 실은 부탁이 아니라 사례입니다. 목숨을 구해주셨기 때문에.
> 타쿠로 : 나에게 부탁이란??
> 미사코 : 그때부터 기분이 안정되기까지라 하여 집에서 보름 정도 폐를 끼쳤지만, 역시 동경에 돌아가고 싶지 않게 되어 그렇다면 멍하니 있는 것보다 일하는 편이 좋겠지. 아니 물론 숙박은 절 쪽에서 해준다.

**Tip** ❶ お詫びじゃなくてお礼です：「です」의 용법에는 동사 대신의 기능도 있으므로 '사과드리는 게 아니라 감사드리는 겁니다'로 번역.

❷ 命を助けていただいたんですから：「から」가 문말에 쓰이면 종지형으로 번역.

❸ 気持が落ち着くまでって事で：「まで」에는 한정의 의미도 있으므로 '마음이 안정될 때까지 만이다 싶어'로 번역.

❹ 寝泊まりはお寺の方でしてもらうのよ：「てもらう」는 사역 용법. 「方」는 번역 생략 '잠은 절에서 자게 할 거예요'가 자연스러움.

**2**

| エミ | 「私たちはテレビ局に謝罪してほしいとか、そういうことを言ってるんじゃなくて、どうしてテレビは服部さんが犯人であるかのような報道を流したのか、そのわけを知りたいだけなんです」 |
|---|---|
| 浅川 | 「参ったな。俺たちは慎重にオンエアしてるの。冤罪(えんざい)に加担したと思われちゃ心外だな」 |
| 笹野 | 「だったら、その証明をしなきゃなコージ」 |
| 浅川 | 「またそんな」 |
| 에미 | "나는 방송국에서 사죄한다던가 그런 것을 말하는 것이 아니라 왜 텔레비전은 服部씨가 범인인 것처럼 보도를 흘렸는가 그 이유를 알고 싶은 것뿐입니다." |
| 아사가와 | "질렸어. 우리들은 신중하게 온에어해. 원죄에 가담했다고 생각되어지면 유감이지." |
| 사사노 | "그럼, 그 증명을 하지 않으면 안되지. 코지." |
| 아사가와 | "또 그런다." |

**Tip** ❶ テレビ局に謝罪してほしいとか : 「てほしい」와 「とか」번역에 주의. 'TV방송국에 사죄해 달라는 등'

❷ 参ったな : '질렸다'는 너무 강하므로 '난처하다'가 좋다.

❸ オンエアしてる : '온에어'는 외국어 전이표현이므로 '방송하고 있다'가 자연스럽다.

❹ 冤罪に加担したと思われちゃ心外だな : 「えんざい」는 동사로 설명해서 번역하고 「思われちゃ」는 수동표현이므로 능동으로 바꾸어서 번역하는 것이 좋다.

❺ その証明をしなきゃな : 「しなきゃ」는 당위의 뜻을 나타내는 「しなければならない」의 회화체. 그러므로 '증명해 주어야지'가 된다.

1. 다음 밑줄 친 부분의 의미가 맞지 않는 것을 고르시오?

   ① <u>見かねた</u>学級委員がパンッと机を叩く。(보기 어려운)

   ② <u>しんと静まり返る</u>教室。(쥐죽은 듯 조용해짐)

   ③ <u>ここだけの話</u>…写真館の重じいの初恋の人って、校長の先生だったんだって。
   (우리끼리 얘긴데)

   ④ にしても<u>無茶苦茶だよ</u>、これ。(터무니없어)


2. 본문의 내용과 일치하는 문장을 고르시오.

   ① 生徒たちは、議題に興味がある。

   ② アキは、目覚めた時のジュリエットの気持がちゃんと分かる。

   ③ 重じいの初恋は、アキだった。

   ④ 重じいの初恋への思いは今でも続いている。

# 자막번역이란?

자기 모국어 이외로 된 영화를 볼 때에는 대부분 자막이 등장한다. 어린아이처럼 자막에 익숙하지 않은 사람은 더빙된 것을 보기도 하지만 영화 내용을 제대로 맛보기 위해서는 자막은 필요불가결한 것이다. 이를 전문적으로 하는 사람들을 자막번역가라 한다. 책을 번역하는 전문가가 있듯이 영화·드라마 등을 전문으로 번역하는 사람들이 있다. 여기서는 「매트릭스」를 번역한 하야시 칸지(林完治)를 소개하겠다.

하야시 칸지(林完治)는 자막번역가 일을 시작한지 15년이나 되지만 늘 고민거리는 한가지다. 제한된 글자 수에 맞춰서 일본어를 끼워 맞추는 일이다. 아주 빅히트한 「L.A.컨피덴셜」도 마지막 대사로 이 영화의 수수께끼가 풀리는데 글자 수가 정해져 있어서 사건 해결에 핵심이 되는 어휘를 선택하는데 아주 애를 먹었다고 한다. 게다가 처음으로 영화를 보았을 때 등장인물의 얼굴이 모두 다 같아 보여서 무척 곤혹스러웠다고 한다. 또한 『매트릭스』는 컴퓨터 지식이 없는 사람들에게 사이버 세계를 이해시키는 게 큰 과제였다. 예를 들어 키아누 리브스가 주인공 네오로 나오는데 매트릭스 세계를 이해하는 장면에서 다음과 같은 말을 한다.

Your appearance now is what we call "residual self-image."
It is the mental projection of digital self.

이것을 직역하면 "치금 자네 모습은 우리들이 흔히 부르는 자기 잔존 이미지, 디지털화된 자기 정신투영이다"가 되어 난해한 문장이 되어 버린다. 이를 하야시 칸지(林完治)는 다음과 같이 번역했다. "치금 자네 모습은 매트릭스에 있던 때의 기억이 비쳐진 잔상이다." 이는 아주 작은 하나의 예이지만, 이 밖에도 컴퓨터를 쓰는 사람이라면 당연히 알아듣는 컴퓨터 용어를 그대로 쓸 수 없어서 곤란한 경우가 꽤 많았다고 한다.

이런 영화는 감각적으로 이해하는 사람이라면 극단적으로 말해 자막이 없더라도 충분히 즐길 수 있다.

# おにぎりとおむすび

　ご飯をギュッと握って海苔を巻いた食べ物には、ご存知のように「おにぎり」と「おむすび」という2つの呼び方があります。日本人の食生活にはなくてはならない食べ物の一つです。同じ食べ物を表す言葉ですが、その由来は異なり、「おにぎり」は動作が起源になっていますし、「おむすび」は神様の名前が起源になっています。

　日本人と「おにぎり」「おむすび」の歴史は古く、石川県からは炭の米粒のかたまりが見つかっています。これは弥生時代に蒸して固めたもち米で、日本最古の「おにぎり」「おむすび」だろうとされています。奈良時代の文献『常陸国風土記』には、「握飯(にぎりいい)」という語句が登場。その名の通り、ご飯を握る動作に由来していて、これが「おにぎり」に転じました。「おむすび」の語源となったのは『古事記』に登場する『産巣日神(むすびのかみ)』という神様。この神様が宿った米粒を食べれば五穀豊穣にめぐまれるとされ、やがて握ったご飯を「おむすび」と呼ぶようになりました。また、「おむすび」は「おにぎり」の女性言葉として宮中の女性などに使われていたようです。

　ご飯を握った食べ物は、平安時代に貴族の下働きをする者へ出す食事や旅人のお弁当などとして用いられるようになりました。江戸中期には、一般に普及

し始めた海苔を巻くようになって「にぎりめし」という呼び方が定着していった
のです。現在、全国的には「おにぎり」という呼び方が主流になっており、「お
むすび」は関東～東海道、北陸、中国地方などで使われることが多いようで
す。

## 新しい言葉

御握(おにぎ)り　[여성어]주먹밥, 握る(にぎる, 쥐다)에서 온 명사형. 밥에 양념을 하거나 첨가물을 넣어 삼각형
　　　　이나 원형 등 다양한 형태로 뭉쳐 만든 음식. 보통 손바닥에 얹어 뭉친 정도의 크기로 만듦.

おむすび　주먹밥, 주먹밥에는 「おむすび」와 「おにぎり」가 있는데 지역적으로는 「おむすび」가 東日本,
　　　　「おにぎり」가 西日本에 약간 편중되어 있음.

弥生時代(やよいじだい)　야요이시대, 홋카이도와 오키나와를 제외한 일본열도의 시대구분 중 하나로 대략
　　　　기원전 3세기 중엽부터 기원후 3세기 중엽에 해당하는 시대의 명칭.

奈良時代(ならじだい)　나라시대, 나라(奈良)에 수도가 위치한 시대, 平城時代(へいじょうじだい)라고도
　　　　한다, 불교로 내정의 안정을 꾀한 나라, 710년부터 794년까지 85년간을 가리킨다.

ぎゅっと　힘주어 조르거나 눌러대는 모양, 꽉, 단단히

海苔(のり)　김

ご存知(ぞんじ)のように　아시다시피

言葉(ことば)　말, 언어

異(こと)なる　다르다, 같지 않다

起源(きげん)　기원

古(ふる)い　오래되다, 낡다

米粒(こめつぶ)　쌀알

見(み)つかる　발견되다

固(かた)める　굳히다, 단단히 하다

文献(ぶんけん)　문헌

~通(とお)り　~대로

宿(やど)る　머물다, 어떤 위치에 있다

宮中(きゅうちゅう)　궁중

中期(ちゅうき)　중기

下働(したばたら)き　허드렛일

旅人(たびびと)　아어(雅語) 여행자 나그네 (= 旅行者りょこうしゃ)

主流(しゅりゅう)　주류

ま(巻)く　감다, 말다

表(あらわ)す　나타내다, 표현하다

由来(ゆらい)　유래

動作(どうさ)　동작

神様(かみさま)　신

炭(すみ)　숯

固(かた)まり　덩어리, 뭉치

蒸(む)す　찌다, 무덥다

もち米(ごめ)　찹쌀

登場(とうじょう)　등장

転(てん)じる・転(てん)ずる　바꾸다, 구르다

恵(めぐ)まれる　혜택 받다, 풍족하다

貴族(きぞく)　귀족

定着(ていちゃく)　정착

用(もち)いる　쓰다, 이용하다

## 文法チェック

**1.** **～なくてはならない**

의무나 필요성이 있다는 의미로 쓰인다.

> □ 未来のことは、ちゃんと<u>考えなくてはならない</u>。 미래는 잘 생각하지 않으면 안 된다.
>
> □ 学校の宿題は、<u>しなくてはならない</u>。 학교 숙제는 해야만 한다.

**2.** **～だろう**

추량의 의미(…일 것이다)로 사용하는데 말하는 사람이 자기가 말한 것에 대해 사실에 가깝다고 느끼는 정도가 높은 편이며 문맥에 따라서는 話者의 판단을 약간 얼버무려 말하는 표현이다.

> □ 彼は、来週日本に<u>行くだろう</u>。 그는 다음주에 일본에 갈 것이다.
>
> □ このくらいは大丈夫<u>だろう</u>。 이 정도는 괜찮을 거야.

**3.** **非情物受動表現: 海に囲まれた島国/特別扱いされている**

일본어 수동표현에는 사물을 주어로 해서 표현하는 수동표현이 있다. 메이지시대 이후 서구어 소설을 번역하면서 쓰이기 시작하여 현재는 수동표현 중에 가장 많이 쓰이고 있다. 주로 행위자를 모를 경우나 불특정다수, 자연현상, 혹은 밝힐 필요가 없을 때 많이 쓰인다.

> □ 海に<u>囲まれた</u>島国　바다에 둘러싸인 섬나라(자연현상)
>
> □ このコードは既に<u>使用</u>されています。
> 　이 코드는 이미 사용되고 있습니다.(불특정 다수－일반인)

### 4. この/その(指示語)

　일본어 지시어에는 현장의 사물을 지시할 때 쓰이는「現場指示」와 문장 중 지시할 때 쓰이는「文章指示」가 있다. 양쪽 모두 말하는 사람의 심리적인 거리의 원근에 따라 사용하는데 문장지시의 경우 가장 일반적인 용법이 한번 언급한 것을 다시 가리키는 것이다. 문맥 중의 말을 가리킬 때는 주로「その(ソ계열)」을 사용하나 심리적으로 자신과 가까운 것이라 생각될 때나 앞으로 언급하려고 하는 것에는「この(コ계열)」을 사용한다.

---

□ 多くの音楽家を送り出してきたヤマハマスタークラス。<u>その</u>特別コースのコンサートが、4月12日開催された。

　많은 음악가를 배출해 온 야마하마스타 클래스. 그 특별코스인 콘서트가 4월 12일 개최되었다.

□ <u>この</u>神社はどこにあるんでしょうか？知ってる方よろしくお願い致します。

　이 신사는 어디에 있을까요? 알고 계신 분은 잘 부탁드립니다.

---

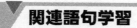 

### 1. ご存知のように

상대방이 알고 있는 것을 전제로 하는 의미로 사용되는 표현. 「存知」는 「ぞんち」라고도 읽으나 보통 「ぞんじ」라고 읽음. '잘 알고 있는 것', '이해하고 있는 것'이라는 의미.

> □ ご存知のように、私は明日発つ予定です。
>   아시는 바와 같이 나는 내일 출발할 예정입니다.
> □ みなさん, ご存知のように、冬が来ると寒くて血行が悪くなります。
>   여러분, 아시다시피 겨울이 오면 추워서 피 순환이 나빠집니다.

### 2. ~通(とお)り

'말하다', '생각하다' 등의 발언과 사고를 나타내는 동사의 사전형이나 タ형에 붙어 '그것과 같다'는 의미를 나타낸다.

> □ 私の言うとおりに繰り返して言ってください。 내가 말하는 대로 반복해서 말해 주세요
> □ 先生、おっしゃるとおりです。 선생님 말씀하신 대로입니다.

### 3. ~し始める

어떤 일이나 행동을 개시하다는 의미. '~하기 시작하다'로 번역.

> □ これから、いろいろな花が咲き始めるのが、楽しみです。
>   지금부터 여러 가지 꽃이 피기 시작하는 것이 기대됩니다.
> □ 食欲がないのに食べ始めるととまらない。
>   식욕이 없는데 먹기 시작하면 멈춰지지 않는다.

**1** 日本人の**食生活には**なくてはならない食べ物の一つです。同じ食べ物を表す言葉ですが、**その由来は異なり**、「おにぎり」は動作が**起源になっていますし**、「おむすび」は神様の名前が**起源になっています**。

**Tip** ❶ 「なくてはならない」는 '없어서는 안 되는'라고 번역되나 앞에 「食生活には」의 「は」가 중복되므로 하나는 제외하고 '식생활에 없어서는 안 되는'이라고 번역하는 것이 자연스럽다.
❷ 「その由来は異なり、」에서는 「その」를 생략하고 「は」는 중복되므로 「が」로 번역한다. 또한 「異なり、」는 뒤에 오는 내용을 설명하는 용법이므로 '유래가 다른데'로 번역된다.
❸ 여기에서 「起源になっていますし」와 「起源になっています」가 반복되므로 앞의 「起源になっていますし」는 '기원이고'로 번역하고 뒤의 「起源になっています」는 '기원하고 있습니다'로 번역하면 된다.

**2** これは弥生時代に蒸して固めたもち米で、**日本最古の**「おにぎり」「おむすび」だろうとされています。

**Tip** ❶ 일본어는 명사형을 많이 쓰는 경향이 있으나 경우에 따라서는 동사나 형용사로 바꾸어서 번역하는 것이 좋을 때가 많다. 「日本最古の」도 형용사로 바꾸어 '일본에서 가장 오래된'으로 번역하는 게 자연스럽다.
❷ 일본어 수동표현은 능동표현으로 번역하는 것이 자연스러운 경우가 많은데 「~とされています」도 객관적으로 서술될 때 사용하는 수동표현이므로 '~라고 합니다'로 번역하거나 '~라고 추정되고 있습니다'로 번역하는 게 좋다.

**3** 江戸中期には、一般に**普及し始めた**海苔を巻くようになって「にぎりめし」という呼び方が**定着していったのです**。

**Tip** ❶ 「普及する」는 자동사와 타동사를 겸하고 있는데 여기에서는 「海苔」가 대상이므로 「普及

し始めた」는 '보급되기 시작했다'로 번역된다.

❷ 「定着する」도 자동사로 '정착하다'로 번역되며 「ていった」는 상태의 변화를 나타내는 의미가 있으므로 '정착하게 되었다'로 번역하는 게 좋다.

**잠시 쉬어가기** **ホットひといき**

❶ 大きくなればなるほど着物を脱ぐもの。
크면 클수록 옷을 벗는 것은?

✎

❷ いくらあってもないもの。
아무리 있어도 없는 것은?

✎

◎ 다음은 번역 작품에 보이는 실제 오역 예입니다. 자연스럽게 번역해 봅시다.

**1**

> そのような呼び方、いまだったら非難を受けることでしょうが、下町の商家のこの私達には、親しみ深い呼び方としていました。
>
> 그런 호칭은 지금이라면 비난을 받을 일이겠지만, 서민층의 장사하는 집 자식인 우리들에게는 친근한 호칭으로 되어 있었습니다.

**Tip ❶** 「下町の商家のこの私達には」: 세 개의 「の」의 의미에 주의. '서민층의 장사하는 집 자식인 우리들'을 '서민층의 장사치인 우리들'로 번역.

**❷** 「親しみ深い呼び方としていました」: '친근한 호칭으로 되어 있었습니다'를 '친근한 호칭으로 다가왔습니다(들렸습니다)'로 번역.

✎

**2**

> 神様はなかなか、私の言うことをきいてはくれない。返事がないのだ。「本当に、お前は不器用な子だね」あのおにババのあきれ顔をみないためには、眠ることだ。
>
> 하느님은 좀처럼 내가 하는 말을 들어주지 않는다. 대답이 없는 것이다. "정말로 너는 서툴구나" 그 마귀할멈의 기막혀 하는 얼굴을 보지 않으려면 잠을 자는 것이다.

**Tip ❶** 문말의 「のだ」용법에는 설명의 의미가 있는데 「返事がないのだ」의 「のだ」는 근거를 나타내므로 '대답이 없는 것이다'를 '대답이 없는 것을 보니'로 번역.

**❷** 형식명사 「ことだ」에는 여러 가지 의미가 있는데 「眠ることだ」의 경우 명령, 요구의 의미로 쓰이므로 '잠을 자는 것이다'를 '잠을 자는 게 좋다'로 번역.

✎

**3**

> 時代の標準的な美は時計の秒針といっしょに変わってゆくし、甲を感動させることの
> 出きるうつくしさが、乙、丙にとってはなんでもないことのほうが通常である。
>
> 시대의 표준적인 미는 시계의 초침과 함께 변하거니와, 갑을 감동시킬 수 있는 아름다움이 을, 병에게
> 있어서는 아무것도 아닌 것이 보통이다.

**Tip** ❶ 「乙、丙にとっては」: 거의 대부분 '을, 병에게 있어서는'이라고 오역됨. '을, 병에게는'으
로 번역.

　　❷ 通常である를 순서를 바꾸어서 '통상 을, 병에게는 아무것도 아니다'로 번역.

✎

**4**

> 私はこの女主人公に深く深く共感をおぼえるのである。私自身、麻酔をかけられた状
> 態で、自分がなにか大変なことを言ってしまうのではないかという恐怖がある。
>
> 나는 이 여주인공에게 깊이깊이 공감을 느끼는 것이다. 나 자신도 마취시켜진 상태에서 내가 뭔가
> 중대한 일을 말해 버리는 것은 아닌가 하는 공포가 있다.

**Tip** ❶ 麻酔をかけられた: 수동표현 번역에 주의. '마취시켜진'을 '마취된'으로 번역.

　　❷ 自分がなにか: '내가뭔가'는 앞에서 주어가 나왔으므로 '뭔가'로 번역.

　　❸ 言ってしまうのではないかという: '말해 버리는 것은 아닌가 하는'이라고 하면 장황함.
　　　'말해 버리는 건 아닐까 하는'으로 간략하게 번역.

✎

1. 다음 문장의 (　) 안에 들어갈 단어를 고르시오.

❶ 日本人の食生活(　　　)はなくてはならない食べ物の一つです。

①　に　　　　　　②　で　　　　　　③　と　　　　　　④　から

❷ 「おにぎり」は動作が起源になっています(　　　)、「おむすび」は神様の名前が起源になっています。

①　と　　　　　　②　し　　　　　　③　が　　　　　　④　なら

❸ 「おむすび」は「おにぎり」の女性言葉(　　　)宮中の女性などに使われていたようです。

①　が　　　　　　②　の　　　　　　③　も　　　　　　④　として

2. 다음 물음에 알맞은 것을 고르시오.

❶ 「おにぎり」は何が起源になっていますか。

①　動作　　　　　②　神様の名前　　③　ご飯　　　　　④　お米

❷ 「おむすび」は誰に使われていましたか。

①　女性言葉　　　②　一般　　　　　③　宮中の女性　　④　神様

❸ ご飯を握った食べ物で、現在、全国的に主流になっている呼び方は何ですか。

①　おにぎり　　　②　おむすび　　　③　にぎりめし　　④　こめつぶ

# 일본의 음식문화

일본 음식이라 하면 보통 사시미, 스시, 튀김, 우동, 소바, 된장국 등을 생각할 것이다. 모두 맛있고 인기 있는 음식이다. 이 일본 음식 이외에 3종류의 전통적인 음식문화가 있다. 이 3종류의 요리에는 특별한 규칙이 있는데 지금까지 계속 이어져 내려오고 있다.

이 요리들에 한 가지 공통점이 있다. 그것은 단지 맛만 즐기는 것이 아니라 보고 즐긴다는 것이다. 중화요리 같은 화려함, 한국요리 같은 다채로운 맛과는 달리 요리 하나하나마다 세공을 하거나 양념을 흐리게 해서 음식 재료 본래의 맛을 즐긴다는 것이 일본요리의 기본이다. 일본음식을 먹을 때는 우선 눈으로 먹는 것이 필수.

## 1. 精進料理 (しょうじんりょうり)

이 요리는 절에서 수행하고 있는 스님들과 장례식 때 먹는 요리를 말한다. 재료는 야채뿐이고 고기와 생선은 사용하면 안 된다는 규칙이 있다. 왜냐하면 불교에서는 살아있는 것을 잡아먹어서는 안 된다는 교리가 있고 일본의 장례식은 지금도 불교식으로 치르고 있기 때문이다. 상 위에는 보통 두부, 나물 무침, 야채 조림, 무침, 밥, 된장국, 츠케모노(일본식 김치로 야채절임) 등의 요리가 올라온다.

## 2. お節料理 (おせちりょうり)

설날에 먹는 음식으로 검은콩, 어묵, 말린 멸치, 으깬 밤콩 등 오세치요리가 현재와 같은 형태로 된 것은 200년 전의 에도(江戸) 시대 후반이다.

오세치요리는 설날의 세치쿠(節供)요리로 궁중의 "오세치쿠(お節供)" 행사에서 유래했다. 節供라 는 글지를 보면 알 수 있듯이 절기에 신에게 바치는 것을 말한다. 궁중에서는 1월 1일과 7일, 3월 3일, 5월 5일, 7월 7일, 9월 9일 절기에 신에게 음식을 바치고 연회를 열었다.

이와 같은 궁중의 오세치요리 관습이 일반인들에게도 퍼져 이윽고 설날에 차리는 진수성찬만을 "오세치요리"라고 부르게 되었다.

나오는 재료에는 제각기 의미가 있는데 우선 검은콩은 건강하게 살라는 의미를 가지고 있다.

말린 청어 알은 자손번영의 의미가 있고 말린 멸치는 풍작을 기원하는 의미를 가지고 있다.

3. 懷石料理 (かいせきりょうり)

이것은 고급 요정과 일식 전문점에서 먹을 수 있는 요리이다. 기본적으로는 코바치(작은 그릇에 나오는 음식들), 무침, 조림, 구이, 밥, 회, 공기에 담긴 요리가 나온다. 여기에 사용되는 재료는 제철 음식들이다. 요정과 요리를 먹는 상황에 따라 각각 다른데 대표적인 것으로 다과회를 할 때 차카이세키(茶懷石)라는 카이세키요리가 있다. 달(月)에 따라 나오는 내용이 다르지만 모두 양이 상당히 작아서 그것으로 배를 채우기는 어렵다.

**MEMO**

# 無名作家の日記

十一月五日。

　俺は今日偶然、同じクラスの佐竹という男と話をした。つい俺が創作の話を持ち出すと、あの男は突然こんなことをいった。

　「僕も、実は昨日百五十枚ばかりの短篇を、書き上げたのだが、どうもあまり満足した出来栄えとは思われないのだ」と、いかにも落ち着いた態度でいった。百五十枚の短篇！それだけでも俺はかなり威圧された。俺が今書きかけている戯曲は、わずかに七十枚の予定だ。しかも俺はそれはかなりの長篇と思っている。しかるに、この男は百五十枚の小説を短篇だといった上、まだこんなことをいった。

　「実は今、僕は六百枚ばかりの長篇と、千五百枚ばかりの長篇とを書きかけているのだ。六百枚の方は、もう二百枚ばかりも書き上げた。いずれでき上ったら、何かの形式で発表するつもりだ」と、いうことが大きい上に、いかにも落着いている。俺のように決して焦っていない。この男の書いたものを一行も読んでいないから、この男の創作の質については一言もいわないが、六百枚、千五百枚という量からいって、この男は何かの偉さを持っているに違いない。

　俺は佐竹君をかなり尊敬し始めた。ただ同県人で一面識しかない林田草人を頼りにして、澄ましておられるこの人の呑気さが、少し淋しかった。まったく無名の作家たる佐竹君の百五十枚の小説を、林田氏の紹介によっておいそれと引き受ける雑誌が中央の文壇にあるだろうか、また門弟でもなんでもない佐竹君のものを、林田氏が気を入れて推薦するだろうか？あの人は、投書家からいろいろな原稿を、読まされるのに飽ききっているはずだ。こんな当てにならないことを当てにして、すぐにも華々しい初舞台(デビュー)ができるように思っている佐竹君の世間見ずが、俺は少し気の毒になった。実際、本当のことをいえば、文壇でもずぼらとして有名な林田氏が、百五十枚の長篇を読んでみることさえ、考えてみれば怪しいものだ。佐竹君の考えているように、すべてがそうやすやすと運ばれて堪るものかと思った。

## 新しい言葉

無名作家(むめいさっか)　무명작가

偶然(ぐうぜん)　우연히

創作(そうさく)　창작

短篇(たんぺん)　단편

出来栄(できば)え　만듦새, 됨됨이

落(お)ち着(つ)く　자리 잡다, 차분해지다

戯曲(ぎきょく)　희곡

しかるに　그런데

でき上(あ)がる　이루어지다

一行(いちぎょう)　한 줄

一言(ひとこと)　일언, 한마디 말

~に違(ちが)いない　~에 틀림없다

頼(たよ)り　의지, 연줄

呑気(のんき)さ　무사태평

おいそれと　쉽사리, 호락호락

文壇(ぶんだん)　문단

飽(あ)きる　싫증나다

当(あ)てにする　기대하다

初舞台(はつぶたい)　첫 무대

気(き)の毒(どく)　가엾음, 불쌍함

怪(あや)しい　수상하다, 의심스럽다

運(はこ)ぶ　운반하다, 진행시키다

俺(おれ)　나

つい　무의식중에, 그만, 무심결에

~ばかり　~정도, ~가량

書(か)き上(あ)げる　다 쓰다

いかにも　어떻게든, 자못, 정말이지, 매우

威圧(いあつ)　위압

長篇(ちょうへん)　장편

いずれ　어느 것, 조만간

焦(あせ)る　안달하다, 초조하게 굴다

質(しつ)　질

偉(えら)さ　훌륭함, 대단함

一面識(いちめんしき)　일면식

澄(す)ます　깨끗이 하다, 진정하다

淋(さみ(び))しい　쓸쓸하다, 적적하다

引(ひ)き受(う)ける　떠맡다

門弟(もんてい)　문하생

当(あ)てにならない　믿을 수 없다, 불확실하다

華々(はなばな)しい　화려한

世間見(せけんみ)ず　세상물정에 어두움

ずぼら　흐리터분함

やすやすと　거뜬히, 손쉽게

堪(たま)る　(부정, 반어가 따라서) 참다, 견디다

**文法チェック**

## 1. ～たら

가정・조건을 나타내는 표현.
일반적인 진리와 법칙을 말하는 '일반조건' 보다 특정하게 개별적인 조건을 말할 때 사용.

- もし、遅刻<u>したら</u>許さない。 만약 지각하면 용서 않겠다.
- 秋になる<u>と</u>涼しくなる。 가을이 되면 시원해진다.
- みんなで考えれ<u>ば</u>、うまくいくと思う。 모두가 생각하면 잘 될 거라 생각한다.
- 来週、時間がある<u>なら</u>飲みに行こう。 다음 주에 시간이 있으면 마시러 가자.

## 2. ～かける

동사의 마스形에 붙어 동작의 도중이라는 의미를 나타낸다.

- 友達に手紙を<u>書きかけた</u>とき、玄関のベルが鳴った。
  친구에게 막 편지를 썼을 때 현관의 벨이 울렸다.
- <u>食べかけ</u>のものばかりをくれる人がいます。 먹던 것만을 주는 사람이 있습니다.

## 3. ～あげる

행위를 달성하는 것.
작성을 나타내는 동사 + あげる
완성시킨다 / 노력해서 이룬다는 의미 포함.

- 母は家中をぴかぴかに<u>みがきあげた</u>。 어머니는 집안을 번쩍번쩍하게 닦았다.
- みんなで<u>まとめあげた</u>データが<u>盗</u>まれた。 다 같이 정리한 데이터가 도둑맞았다.

**4.** **〜させられる**(사역피동)

「Xが Yに V-させる」라는 사역문을 Y의 시점에서 표현한 수동문으로 「Yが Xに V-させられる」가 된 것. X에게 강제되어 행동한다는 의미로 Y가 '피해다, 싫다'라고 생각하는 경우에 사용한다. 「行かせられる」「読ませられる」가 「行かされる」「読まされる」로 되는 경우가 많다.

> □ 昨日は、母に3時間も<u>勉強させられた</u>。 어제는 어머니 때문에 3시간이나 공부했다.
>
> □ 先輩に無理に酒を<u>飲まされた</u>。 선배가 무리하게 술을 마시게 했다.

**5.** **〜きる**

동사의 マス形에 붙어 어떤 동작을 쉽게 할 수 있거나 일어날 수 있는 것을 의미한다. 또한 〜하기 쉬운 성질을 갖고 있거나 그런 경향이 있는 경우에도 사용할 수 있다.

> □ そんな<u>分かりきった</u>ことをいつまで言っているんだ。
>   그런 뻔히 아는 것을 언제까지 말할래
>
> □ 無理な仕事をして<u>疲れきって</u>しまった。 무리한 일을 해서 몹시 피곤해졌다.

## 1. 남성어

일본어에는 남성어와 여성어의 구별이 있는데 특히 회화체에서는 인칭대명사, 종조사. 감동사 등의 사용에 차이가 많이 보인다.「僕」「俺」는 대표적인 남성어다. 그러나 최근에는 여성의 지위향상과 사회진출 등의 영향으로 남성어를 쓰는 여성들도 많아졌다.

> □ <u>ぼく</u>はカレーライスが食べたい。나는 카레라이스가 먹고 싶다.
>
> □ <u>おれ</u>は男だ。나는 남자다.
>
> □ 毎日、日本語を勉強する<u>ぞ</u>。매일 일본어를 공부해야지.

## 2. ～からいって

판단의 근거.
～의 입장에서 보면, ～의 면에서 생각하면, ～로 판단하면
「からして」「からみて」라고도 함.

> □ あの態度<u>からいって</u>、彼は帰る気はまったくないようだ。
>   그 태도로 보아 그는 돌아갈 생각이 전혀 없는 것 같다.
>
> □ あの人の性格<u>からいって</u>、そんなことで納得するはずがない。
>   그 사람의 성격으로 보아 그런 걸로 납득할 리가 없다.

**1** 「実は今、僕は六百枚ばかりの長篇と、千五百枚ばかりの長篇とを書きかけているのだ。六百枚の方は、もう**二百枚ばかりも書き上げた**。

> **Tip** ❶ 「二百枚ばかりも書き上げた」: 「ばかり」는 수량을 나타내는 명사(수사)에 붙어 '정도'를 나타내고 「も」는 수량이 많은 것을 강조하는데 사용되므로 '이나'로 번역된다. 「書き上げた」는 「書き」에 '완성'의 의미를 나타내는 「上げた」가 결합되어 '다 썼다', '완성했다'로 번역하는 것이 자연스러우나 앞에 '정도나'란 말이 나와 '썼다'로만 번역해도 좋을 것 같다.

**2** いずれでき上ったら、何かの形式で発表するつもりだ」と、**いうことが大きい上に**、いかにも落着いている。

> **Tip** ❶ 「でき上ったら」는 자동사 「でき上がる」에 조건의 「たら」가 붙어 '다 되면'으로 번역.
> ❷ 「いうことが大きい上に」: 「大きいことをいう」는 '큰소리치다'란 의미로 「いうことが大きい」도 마찬가지 의미로 사용됨. 「上に」는 '어느 상태나 사항에다 추가로 겹치는 것을 나타내는 의미'이므로 '~데다가'로 번역된다.

**3** 俺のように決して焦っていない。**この男の書いたものを一行も読んでいないから**、この男の創作の質については一言もいわないが、六百枚、**千五百枚という量からいって**、この男は何かの偉さを持っているに違いない。

> **Tip** ❶ 「この男の書いたものを一行も読んでいないから」: 「この男の書いた」는 「もの」를 수식하는 절로 「この男の」가 「書いた」의 주어가 된다. 「一行も」의 「も」는 강조의 의미로 '한 줄도'로 번역. 「読んでいない」는 '미완료'의 용법으로 '읽지 않았다'는 의미.
> ❷ 「一言もいわないが」는 부정의 의미로 사용되었으나 불가능의 의미도 있으므로 '한마디도 할 수 없지만'으로 번역됨.
> ❸ 「千五百枚という量からいって」는 '판단의 근거'를 나타내는 「~からして」「~から見て」란 의미로 사용되었으므로 '~로 보아'로 번역하는 게 좋다.

**4** | あの人は、投書家からいろいろな原稿を、読まされるのに飽ききっているはずだ。

**Tip** ❶ 수동문 「投書家からいろいろな原稿を、読まされるのに」는 「投書家がいろいろな原稿を読みました」의 수동문인데 '투고자가 여러 원고를 읽게 해서', '마지못해 읽었다'는 의미로 사용되었다. 「~きる」는 '충분히…하다'란 의미이므로 「飽ききっている」는 '완전히 질리다'로 번역. 「はず」는 논리적인 근거에 준해 당연히 그렇다고 생각한 것을 말할 때 사용한다. 따라서 '완전히 질렸을 것이다'가 된다.

**5** | こんな当てにならないことを当てにして、すぐにも華々しい初舞台(デビュー)ができるように思っている佐竹君の世間見ずが、俺は少し気の毒になった。

**Tip** ❶ 「佐竹君の世間見ずが」에서 명사형을 동사로 전환하고 어순을 바꾸어서 '세상물정 모르는 사타케 군이'로 번역하는 게 자연스럽다.

**잠시 쉬어가기    ホットひといき**

掛詞かけことば

男の人が、桜の木の下でプロポーズをしました。しかし、断られました。別の日、梅の木の下でもう一度プロポーズをしたら、OKでした。なぜでしょう？

한 남자가 벚나무 아래서 프로포즈를 했습니다. 그러나 거절당했습니다. 다른 날 매화나무 아래서 다시 프로포즈를 했더니 허락받았습니다. 왜일까요?

**実戦演習**

◎ 다음은 번역 작품에 보이는 실제 오역 예입니다. 자연스럽게 번역해 봅시다.

**1**

> ある男は、それ以上話すことができなくなると、王に首を切られてしまいました。そんなある日、南の国から一人の男が、宮でんにやってきました。
>
> 한 남자는 그 이상 이야기를 할 수 없게 되자, 왕에게 목을 베이고 말았습니다. 그런 어느 날, 남쪽 나라에서 한 명의 남자가 궁전을 찾아왔습니다.

**Tip** ❶ 「ある男は」: '어떤 남자는'으로 번역.

❷ 「王に首を切られてしまいました」: 피해수동. 능동인 '왕이 목을 베어 버렸습니다'로 번역.

❸ 「そんなある日」: '그러던 어느 날'로 번역.

❹ 「一人の男が、宮でんにやってきました」: 수사번역 주의. '한 남자가 궁전으로 찾아왔습니다.'

🖉

**2**

> 前の日からのひどいあらしで、何人かの船員だけが助かり、その岩からすべりおちないように必死に体をささえていました
>
> 전날부터 거센 폭풍우로 몇 명인가의 선원만이 살아남아, 그 바위에서 미끄러지지 않도록 필사적으로 몸을 지탱하고 있었습니다.

**Tip** ❶ 「前の日からのひどいあらし」: 명사적인 표현에서 동사적인 표현으로 번역. '전날부터 거세게 분 폭풍우'

❷ 「助かり」: 자동사. '구조되어'로 번역.

❸ 「すべりおちないように」: 복합어 주의. '미끄러져 떨어지지 않도록'으로 번역.

🖉

**3**   何年もの間、ベルは裁判官を呼び出しつづけ、いくつもの悪が正され、そして多くの
悪人がばっせられました。

몇 년 동안, 좋은 재판관을 계속해서 불렀고, 몇 가지의 악을 바로잡고 많은 악인이 벌을 받았습니다.

**Tip** ❶ 「何年もの間」:「も」는 수량이나 정도가 많음을 강조. '몇 년간(동안)이나'로 번역.

❷ 「呼び出しつづけ」: 복합어 주의. '계속 불러내어'로 번역.

❸ 「いくつもの悪が正され」: '악이 몇 개나 바로잡히고'로 번역.

## 練習問題

1. 다음 한자의 読み仮名(よみがな)가 틀린 것을 고르시오.

① 偉さ(えらさ)　　　　　② 出来栄え(できばえ)

③ 戯曲(ぎきょく)　　　　　④ 俺(ぼく)

⑤ 呑気(のんき)　　　　　⑥ 華々しい(はなばなしい)

2. 다음 밑줄 친 곳을 한국어로 바꾼 것 중 올바른 것을 고르시오.

① もう二百枚ばかりも書き上げた。いずれでき上ったら、何かの形式で発表するつもりだ。
   (만이나)

② いうことが大きい上に、いかにも落着いている。(말하는 것이 크다)

③ 六百枚、千五百枚という量からいって、この男は何かの偉さを持っているに違いない。
   (양으로 말해)

④ また門弟でもなんでもない佐竹君のものを、林田氏が気を入れて推薦するだろうか？
   (문하생도 뭣도 아닌)

⑤ あの人は、投書家からいろいろな原稿を、読まされるのに飽ききっているはずだ。
   (읽혀지는데)

# 도쿄 이야기

　세계 주요도시의 하나인 동경에는 신쥬쿠(新宿), 시부야(渋谷), 이케부꾸로(池袋), 하라쥬쿠(原宿) 등 번화가가 많다. 동경 사람들은 이 거리에서 여러 가지를 보고 듣고 새 정보를 얻는다. 최근에는 「六本木ヒルズ」라는 고층 오피스 빌딩, 호텔, 방송국, 영화관, 쇼핑몰, 주택가 등의 현대 주요 시설이 다 모여 있는 거리가 생겨나 화제가 되고 있다. 이곳에 가면 웬만한 게 다 있는데다가 유명 디자이너가 손을 댄 건축물과 거리를 만끽할 수 있어 젊은층의 주요 데이트 코스가 되고 있다.

　이 밖에도 「漫画喫茶(まんがきっさ)」라는 새 명소가 생겨나 1시간에 300엔의 싼 가격으로 만화나 책뿐만 아니라 인터넷과 플레이스테이션 등의 TV게임과 DVD도 볼 수 있어 인기를 끌고 있다. 가라오케 붐이 식은 지금, 젊은층의 레저스포츠로 자리 잡고 있다. 더욱이 음식물을 가지고 들어갈 수도 있어서 일하다가 잠깐 쉬러 오는 회사원도 많다고 한다.

　동경은 또 여러 나라의 문화를 손쉽게 맛볼 수 있는 도시이기도 하다. 10년 전부터 불붙기 시작한 이탈리아 요리 붐도 이제는 대중화되어 체인점만 해도 상당수에 달한다.　가격도 싸고 맛도 있어(380엔의 파스타도 있다) 인기 만점이다. 최근에는 서양요리뿐 아니라 베트남요리, 태국요리, 한국요리 등 아시아 요리도 꾸준히 인기를 끌어 가정에서도 손수 만들어 먹는 사람들이 늘고 있다.

　동경은　최첨단의 거리'란 이미지가 있지만 옛날 그대로의 거리가 남아 있는 곳도 많다. 약간 지대가 높은 지역에 있는 동경의 중심지역을 「山の手(やまのて)」라고 하고 그 아래 지변 주역을 「下町(したまち)」라고 부르는데 下町에는 아직도 옛 일본 모습이 그대로 남아 있다. 浅草(あさくさ)가 그 대표적인 곳이라 할 수 있는데 몇 십 년이나 계속되어 온 「おせんべい」가게와 전통 기모노인 「はっぴ」, 그리고 「ちょうちん」이라는 종이로 만든 등을 파는 가게가 줄지어 있어 빠듯한 생활에서 벗어나 이곳을 찾으면 왠지 편안한 느낌을 받는 거리이다.

　이와 같이 동경에서는　옛것'과　새것',　일본'과　외국'을 동시에 맛볼 수 있다. 이들은 서로 공존하면서 차별성을 부각시켜 준다. 다시 말해 동경은 조화를 이룬 도시이기도 하다.

# 日光紀行

　七月の末、栃木県の日光にある東照宮を見学した。杉の深い木立に囲まれた表参道を歩いていくと、正面に黒ずんだ石の鳥居が見えてくる。右手に三仏堂の大きな屋根が見え、左手には五重の塔がある。鳥居の前のゆるい傾斜の石段は、千人枡形といって、昔、お城の石段などに用いられたものに、よく似ているそうだ。朱ぬりの表門をくぐって中へ入ると、まず目につくのは、「想像の象」の彫刻で名高い三神庫である。この建物は奈良の正倉院の校倉造りをまねたもので、中には東照宮の春・秋の大祭に使う品物をしまってある。敷石づたいに左手に曲がると、左側に東照宮唯一の素木造りの建物がある。これは神きゅう舎といって、神馬のために作られたものである。そのなげしには、左から右へ八面の猿の彫刻がある。これは、猿が生まれてから、子を産む親となるまでの姿をかりて、人の一生を表したといわれている。とくに正面の「見ざる、言わざる、聞かざる」の三猿は、人間も子どものころは、悪いことを見たり、言ったり、聞いたりするなという教訓を示したものなんだそうだ。正面には佐賀の鍋島公が奉納された、全部花こう岩で作られたお水舎がある。そこを右手に曲がると、正面の石段の上に、左右に延長二百二十メートルの金色・朱色に輝く回廊

をめぐらした、東照宮の美の代表、陽名門の姿が輝くばかりにそびえ立ってい
た。「日光みずして、結構というな。」と言った昔の人のことばが、ほんとうにそ
の通りだと思えてきた。

# 新しい言葉

栃木県(とちぎけん)　도치기 현(관동지방 북부에 위치한 현)

日光(にっこう)　닛코, 에도시대에 도쿠카와 이에야스의 사당이 된 이래 참배객이 성황을 이루며 일본 전국적으로 관광지와 경승지로 유명함.

東照宮(とうしょうぐう)　도쇼구, 일본관동지방 북부, 도치기현 닛코시에 소재한 신사. 에도 막부의 초대 대장군인 도쿠가와 이에야스를 신격화해서 모신 곳. 일본 전국 도쇼구의 총본산적인 존재.

見学(けんがく)　견학

深(ふか)い　깊다

囲(かこ)む　둘러싸다

正面(しょうめん)　정면

鳥居(とりい)　신사 입구에 세운 기둥문

五重(ごじゅう)の塔(とう)　오층탑

傾斜(けいしゃ)　기욺, 경사

用(もち)いる　쓰다, 이용하다

表門(おもてもん)　정문, 대문

想像(そうぞう)　상상

彫刻(ちょうこく)　조각

三神庫(さんじんこ)　정문 바로 가까이에 있는 제사 도구를 넣어두는 3개의 창고

まねる　흉내내다

品物(しなもの)　물건

敷石(しきいし)づた(伝)いに　포석을 따라서

素木造(しらきづく)り　시라키 양식(색을 칠하지 않고 나뭇결 그대로인 재목을 사용하여 건물을 지은 것)

神馬(しんめ)　신마, 신이 타는 말로 신성시되는 말

なげし　(건축) 중인방. 일본식 건축으로 상인방(上引枋)과 하인방의 측면에 댄 기둥과 기둥 사이를 잇는 가로재

表(あらわ)す　나타내다

示(しめ)す　가리키다, 보이다

花(か)こう岩(がん)　화강암

輝(かがや)く　반짝이다

回廊(かいろう)　회랑, 정당(正堂)의 좌우에 있는 긴 집채, 양옥의 어떤 방을 중심으로 하여 둘러댄 마루

めぐらす　돌리다, 두르다

そびえ立(た)つ　솟다

杉(すぎ)　삼나무

木立(こだち)　나무 숲, 숲의 나무

表参道(おもてさんどう)　(참배하러 가는) 큰길

黒(くろ)ずむ　거무스름해지다

屋根(やね)　지붕

ゆるい　느슨하다, 완만하다

城(しろ)　성

朱(しゅ)ぬり　주홍색을 칠함

くぐる　빠져나가다

象(ぞう)　코끼리

名高(なだか)い　유명하다

大祭(たいさい)　대제, 신사 등에서 지내는 중요한 제사

しまう　넣다, 마치다, 끝내다

曲(ま)がる　구부러지다, 굽다, 돌다

教訓(きょうくん)　교훈

奉納(ほうのう)する　봉납하다

水舎(みずや)　신사 등의 참배인이 손을 씻는 곳

姿(すがた)　모양, 형편

結構(けっこう)　훌륭함, 제법임

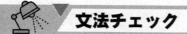 

## 1. 〜ている : 似ている/そびえ立っている

「ている」에는 계속, 결과, 반복, 경험, 완료, 상태의 의미가 있다. 「似ている」「そびえている」는 항상적인 상태를 나타내며 보통 「ている」형태로 사용된다.

> □ 雨が降っ<u>ている</u>。비가 오고 있다. &lt;계속&gt;
>
> □ 会議にはみんな来<u>ている</u>。회의에는 모두 와 있다. &lt;결과&gt;
>
> □ いつもここで本を注文し<u>ている</u>。항상 여기에서 책을 주문하고 있다. &lt;반복&gt;
>
> □ 日本にはもう3度行っ<u>ている</u>。일본에는 세 번 갔다. &lt;경험&gt;
>
> □ 戦争は、まだ終わっ<u>ていません</u>。전쟁은 아직 끝나지 않았다. &lt;완료&gt;
>
> □ 彼は結婚し<u>ている</u>。그는 결혼했다. &lt;상태&gt;

## 2. 〜てある

'장애를 대비해서 무언가를 행하다'는 의미.

> □ 席を予約し<u>てある</u>。자리를 예약해 두었다.
>
> □ かわいいケーキがおい<u>てある</u>お店。귀여운 케이크가 놓여 있는 가게.

## 3. 〜ずして

부정조동사 「ず」에 접속조사 「して」가 결합된 것으로 …(し)ないで(~하지 않고), …(で)なくて(~하지 않아서), …でないのに(~가 아닌데)의 의미.

□ 2011年を<u>待たずして</u>、来年アナログ放送が終了する地域。

　2011년을 기다리지 않고 내년에 아날로그 방송이 종료되는 지역.

□ 軍事を<u>知らずして</u>平和を語るな。 군사를 모르고 평화를 말하지 말라.

□ 恵方巻の隠された真実!? これを<u>知らずして</u>食べるのは…。

　에호마키(굵은 김밥)의 숨겨진 진실!? 이것을 모르고 먹는 것은….

## ▼ 関連語句学習

### 1. ~ばかりに

비유를 사용해서 정도가 상당히 심한 것을 나타낸다. 관용적인 표현이 많고 문어적인 표현으로 소설 등에 많이 사용된다.

> □ 輝くばかりに美しい新婦。 빛날 듯 아름다운 신부.
> □ 目を見張るばかりにすばらしい。 눈이 번쩍 뜨일 정도로 멋지다.

### 2. ~な

동사의 종지형에 붙어서 금지를 나타낸다. '~마라'로 번역.

> □ 芝生(しばふ)にはいるな。 잔디밭에 들어가지 마라.
> □ 二度とするな。 두 번 다시 하지 마라.

**1**

> 杉の深い木立に囲まれた表参道を歩いていくと、正面に黒ずんだ石の鳥居が見えてくる。

**Tip** ❶ 「杉の深い木立に囲まれた」: 일본어는 한국어와 어순이 같다고 하지만 다른 경우도 있어 번역시 주의를 요한다. 「杉の深い木立」도 순서를 바꾸어서 '삼나무가 울창한 숲'보다 '울창한 삼나무 숲'이라고 번역하는 게 자연스럽다. 「囲まれた」는 「囲む」의 수동표현으로 '~에 둘러싸인'이라고 번역된다.

❷ 「歩いていくと」에서 「と」는 확정의 의미로 '걸어가니', '걷자니', '걷노라니'등으로 번역.

❸ 「見えてくる」는 「てくる」가 '출현'의 용법으로 쓰였으므로 '나타났다'로 번역하는 것이 좋다.

**2**

> 鳥居の前のゆるい傾斜の石段は、千人枡形といって、昔、お城の石段などに用いられたものに、よく似ているそうだ。

**Tip** ❶ 「鳥居の前のゆるい傾斜の石段は」: 「の」의 용법은 다양해서 오역이 많은데 생략해야 할 경우도 있다. 「鳥居の前のゆるい傾斜の石段は」에서 앞의 「鳥居の前」의 「の」는 생략하고 「傾斜の石段は」의 「の」는 '경사가 있는 돌계단은'으로 술어 번역해야 한다.

❷ 일본어의 경우 때를 나타내는 명사에는 「に」가 붙는 경우와 붙지 않는 경우, 모두 붙는 경우가 있는데 한국어 번역 시에는 모두 '에'를 넣는 게 자연스럽다. 「昔、」도 「、」를 빼고 '옛날에'로 번역하는 게 좋다.

❸ 「似ている」는 상태의 의미이고 「そうだ」는 '전문'의 의미이므로 '닮았다고 한다'로 번역.

**3**

> 「見ざる、言わざる、聞かざる」の三猿は、人間も子どものころは、悪いことを見たり、言ったり、聞いたりするなという教訓を示したものなんだそうだ。正面には佐賀の鍋島公が奉納された、全部花こう岩で作られたお水舎がある。

**Tip** ❶ 「見ざる、言わざる、聞かざる」:「ざる」는 부정의 의미로 '보지도, 말하지도, 듣지도 말라'로 번역된다.

❷ 「悪いことを見たり、言ったり、聞いたりするな」는「な」가 금지를 나타내므로 '나쁜 것을 보거나 말하거나 듣거나 하지 말라'로 번역된다.

❸ 「鍋島公が奉納された、全部花こう岩で作られたお水舎がある」:「奉納された」와 「作られた」가「お水舎」를 수식하므로 '봉납한, 전부 화강암으로 만들어진'으로 번역하면 부자연스러워지므로 '봉납한 것으로 전부 화강암으로 만들어진'으로 나누어서 번역하는 것이 자연스럽다.

**4** 「日光みずして、結構というな。」と言った昔の人のことばが、ほんとうにその通りだと思えてきた。

**Tip** ❶ 「日光みずして、結構というな。」:「~ずして」는 '~하지 않고'의 의미이고「いうな」의 「な」는 금지를 나타내므로 '닛코를 보지도 않고 대단하다고 하지 마라'로 번역하는 게 좋다.

❷ 「昔の人のことばが、ほんとうにその通りだと思えてきた」:「昔の人」은 대표단수로 '옛날 사람들'이 자연스럽고「思えてきた」는 '개시', '시동'의 용법으로 '생각이 들었다'라고 번역된다.

**잠시 쉬어가기　ホットひといき**

**日本の小噺　-이치-**

「どうして真夜中に人の家に忍びこんだんだ」
어째서 한밤중에 남의 집에 몰래 들어간 거냐?

「この前空き巣に入ったら真っ昼間からなんてことをするっていわれたからですよ。いったいいつ仕事をしろというんですか?」
요전에 한낮에 빈집을 털러 들어갔더니 대낮부터 뭔 짓을 하는 거냐고 해서요. 대체 언제 일하라는 겁니까?

◎ 다음은 번역 작품에 보이는 실제 오역 예입니다. 자연스럽게 번역해 봅시다.

**1**

> 大阪の夏の夜を彩る花火も水の待大阪の風物詩です。また、新しい祭りとしては1983年から始まった、毎年秋に国内外の参加者達が集まり繰り広げられる御堂筋パレードがあります。今では、完全に定着し、市民を始めとした100万人を越える見物客を楽しませます。

> 오사카의 여름밤을 채색하는 불꽃도 물의 도시 오사카의 풍물시(風物詩)입니다. 새로운 축제로는 1983년부터 시작된, 매해 가을에 국내외의 참가자들이 모여 펼치는 미도스지 퍼레이드가 있습니다. 지금은 완연히 정착되어 시민을 비롯한 100만명이 넘는 구경꾼들을 즐겁게 합니다.

**Tip** ❶ 「彩る」: '채색하는'은 옛날식 표현, '수놓는'이 일반적임.
　　　❷ 「風物詩」: '풍물시'란 단어는 쓰이지 않음. '풍물' 혹은 '볼거리'로 번역.
　　　❸ 「始まった」: 명사 수식이 중복. '시작되어'로 번역.
　　　❹ 「毎年秋」: '매해 가을에'를 '매년 가을'로 번역.
　　　❺ 「市民を始めとした100万人を越える見物客を楽しませます」: '오사카'와 '~해주다'를 추가하여 '오사카 시민을 비롯해 100만 명이 넘는 구경꾼들을 즐겁게 해 줍니다'로 번역.

✎

**2**

> 日本の犯罪率は大変低く警官も優秀で皆さん達は安心して東京市内を歩きまわることが出来ます。どこに行っても "交番" と呼ばれる派出所があり "お巡りさん" と呼ばれる親切な警官が皆さん達をお助け致します。

> 일본의 범죄율은 대단히 낮으며 경관도 우수하므로 여러분들께서는 안심하고 도쿄시내를 걸어다닐 수 있습니다. 어디를 가나 "고오방"이라고 불리는 파출소가 있으며 "오마와리상"이라고 불리는 친절한 경관이 여러분을 도와드립니다.

**Tip** ❶ 「犯罪率は大変低く警官も優秀で」: 「は」와 연결형 어미 및 대표단수 번역에 주의. '범죄율이 대단히 낮고 경찰들도 우수해서'로 번역
　　　❷ 「皆さん達は」: 번역하지 않는 것이 자연스럽다.
　　　❸ 「歩きまわることが出来ます」: '돌아다닐 수 있습니다.'로 번역.

❹「"交番"と呼ばれる派出所があり」: 괄호 안에 '交番'이라고 설명을 넣어주는 게 좋다. '~라고 불리다'는 일본식 수동표현. '~라고 하는'으로 번역.

❺「"お巡りさん"と呼ばれる親切な警官が」:『お巡りさん』이란 설명이 필요하고『~と呼ばれる』는 '~라는'으로 번역.

❻「お助け致します」: 추측 표현의 의미도 있으므로 '도와드릴 겁니다'로 번역.

✎

**3**

一流ホテルの朝食も良いのですが、予算を組んで効率的な旅行をされる方々にとっては、近くの喫茶店でモーニングサービスを注文して見るのも良いでしょう。

일류호텔에서의 아침식사도 좋기는 합니다만 예산을 짜고 효율적인 여행을 하시는 분들께 있어서는 근처에 있는 다방에서 모닝서비스를 주문해 보시는 것도 괜찮을 것입니다.

**TIP** ❶「一流ホテルの朝食も良いのですが」:「での」번역에 주의. '일류호텔에서 아침식사를 드시는 것도 좋지만'으로 번역.

❷「予算を組んで効率的な旅行をされる」: 수식형 번역에 주의. '예산을 짜 효율적으로 여행을 하시는'으로 번역.

❸「方々にとっては」:「~にとっては」번역에 주의. '~분들께서는'으로 번역.

❹「近くの喫茶店でモーニングサービスを注文して見る」: 동사 보충. '근처에 있는 찻집에서 "모닝서비스"를 주문해 보시는 것도'로 번역.

✎

## 練習問題

1. 본문의 내용과 일치하지 않는 것을 고르시오.

① 七月の末、栃木県の別府にある東照宮を見学した。

② 三神庫の中には東照宮の春・秋の大祭に使う品物をしまってある。

③ 「見ざる、言わざる、聞かざる」の三猿は、教訓を示した絵である。

④ 「日光みずして、結構というな。」と言った昔の人のことばは、その通りではなかった。


2. 다음 밑줄 친 부분의 번역이 잘못된 곳은?

① 杉の深い木立に囲まれた表参道を歩いていくと、鳥居が見えてくる。(울창한 삼나무 숲)

② 鳥居の前のゆるい傾斜の石段は、千人枡形といって、(도리이 앞의 완만한 경사)

③ 昔、お城の石段などに用いられたものに、よく似ているそうだ。(옛날,)

④ 悪いことを見たり、言ったり、聞いたりするなという教訓を示したものなんだそうだ。
   (것이라 한다)

# 일본 여행 시 꼭 지켜야 할 에티켓

일본 여행 시 料亭, すし屋, ソバ屋, 고급 여관에서 지켜야 할 에티켓 상식입니다. 한번 체크해 볼까요?

### 料亭

**Q1.** 요리를 먹을 때 수저받침이 없다면?

**A.** 젓가락 끝이 쟁반이나 테이블에 닿지 않도록 쟁반 가장자리에 젓가락 끝을 걸쳐서 놓는다.

**Q2.** 다 먹은 그릇은 어떻게?

**A.** 원래대로 뚜껑을 덮어 쟁반 위에 놓아둔다.

### ソバ屋

**Q1.** 메밀국수를 집을 때는 어디서부터 집는 것이 좋을까?

**A.** 가장자리에서 가운데로 서서히 먹는 것이 좋다. 가운데부터 먹으면 모양이 점점 엉망이 되어서 지저분해 보인다.

**Q2.** 장은 어느 정도 찍으면 될까?

**A.** 장에 메밀국수가 푹 잠길 정도로 찍어 장을 고르게 배게 한 뒤에 먹으면 훨씬 맛있다.

### すし屋

**Q1.** 초밥 집에서는 접시에 간장을 어느 정도 따르면 될까?

**A.** 한번에 너무 많이 따르는 것보다 조금씩 따라 다 먹고 난 뒤에 더 따르는 것이 좋다.

**Q2.** 젓가락으로 먹을 때 어디를 집을까?

**A.** 젓가락을 약간 눕혀서 초밥의 측면을 집어 들어올리듯이 가져가면 품위 있게 보인다.

**고급여관**

**Q1.** 여관 입구에서 구두를 벗을 때는?

**A.** 구두를 정리해 주는 사람이 있으므로 정면을 향하게 하고 올라가면 된다. 보기 싫지 않을 정도로만 벗어두면 OK.

**Q2.** 방으로 안내받으면 짐은 어디에 둘까?

**A.** 다다미 위에 놓는 것은 당연하고, 나무 바닥 위라고 해도 床の間(とこのま : 上座에 바닥을 한층 높게 만든 곳) 근처에 놓는 것은 좋지 않다.

**MEMO**

# 日本近代の偉人、坂本竜馬と福沢諭吉

明治維新が日本にとってどのような意義を持ったものであったかは、だれひとり知らないものはないほどである。

その維新の主役のひとりで、近代日本の礎(いしずえ)を築き、日本を目ざめさせ、日本改革の第一線を行なった大実行者だったと評価される人物が坂本竜馬である。

これから国を守るのは、剣でもピストルでもなく、国際法だという竜馬の時代感覚は鋭かった。

しかし、日本の将来を考え、心から、日本人のことを思い、そして世界への目を開いていた偉人と言われている坂本竜馬は、三十歳に刺客に斬り付けられた。もし竜馬が、あの時暗殺されなかったら、竜馬はついに世界の海援隊を実現して、三菱をもしのぐ大財閥になっていたという人もある。

一方、江戸時代の末になると、幕府をたおせという人々と、幕府を守れと言う人々が出て、おたがいに争い合った。しかし福沢諭吉は、そのどちらの人々も自分たちのいばれる世の中がほしくて、あらそいをするのだということに気づいた。そして、「世の中にこういうくだらない人々がみちみちているのは、学問そのものに責任がある。これまでのそれは肝心な人間の頭を鍛えることをゆるがせにしてきた。そのため、口先だけがたっしゃで、人間としての心がけがまったく

ない人々をたくさんつくってしまった。いくら世の中の制度だけを、改めたところで、それを動かす人間の心が改まらないかぎり、どうにもならない。私は、何よりもまず人間をつくり変える仕事に着手しよう。」こう決心したのです。そのためかれは、二つの計画を立てました。その一つは、自分の開いた塾をますます盛んにして、多くの青年を正しく立派に教育するということともう一つは、自分の考えをもっともっと世の中に広めるために、本を書いて出版するということである。

## 新しい言葉

意義(いぎ)  의의, 뜻

主役(しゅやく)  주역

礎(いしずえ)  초석, 기반

築(きず)く  쌓다, 쌓아 올리다

目(め)ざめる  잠이 깨다, (본능 등이) 싹트다, 깨어나다, 각성하다, 깨닫다

改革(かいかく)  개혁

第一線(だいいっせん)  제일선

評価(ひょうか)  평가

守(まも)る  지키다

剣(つるぎ)  검

鋭(するど)い  예민하다, 예리하다, 날카롭다

将来(しょうらい)  장래

刺客(しきゃく)  자객

斬(き)り付(つ)ける  (칼을 들고)대들다, 칼로 베다

暗殺(あんさつ)  암살

海援隊(かいえんたい)  해원대, 사카모토 료마가 나가사키에 창설했던 무역상사

実現(じつげん)  실현

三菱(みつびし)  미츠비시, 일본을 대표하는 재벌기업

~をも  ~까지도(も의 강조)

しのぐ  능가하다, 막다, 견디어 내다

大財閥(だいざいばつ)  대재벌

倒(たお)す  쓰러뜨리다, 넘어뜨리다, 죽이다

互(たが)いに  서로

争(あらそ)う  다투다, 싸우다, 경쟁하다

威張(いば)る  뽐내다, 거만하게 굴다, 으스대다

気(き)づく  깨닫다, 눈치 채다, 알아차리다, 생각나다

下(くだ)らない  하찮다, 시시하다, 가치 없다

満(み)ちる  차다, 그득 차다

学問(がくもん)  학문

責任(せきにん)  책임

肝心(かんじん)な  중요한

鍛(きた)える  단련하다, 맹렬히 훈련하다

ゆるがせ  소홀함, 허술함

口先(くちさき)  건성으로 하는 말, 입에 발린 말, 말씨, 말투, 말

達者(たっしゃ)  달인, 명인, 능숙함, 잘함, 뛰어남, 건강함

心(こころ)がけ  마음가짐, 마음씨

制度(せいど)  제도

改(あらた)める  고치다, 변경하다, 개선하다, 새롭게 하다, 조사하다

動(うご)かす  움직이(게 하)다

改(あらた)まる  고쳐지다, 변경되다, 바뀌다, 개선되다, 격식을 차리다

着手(ちゃくしゅ)  착수

塾(じゅく)  자제를 모아 가르치는 사설 학교, 학원

広(ひろ)める  넓히다, 널리 퍼지게 하다, 보급시키다

## 文法チェック

### 1. 문맥지시사: コ/ソ/ア

화제나 기억 속의 요소를 가리키는 지시사를 문맥지시사라 한다.

(1) 「こ」계열: 바로 직전의 화제에 등장하거나 앞으로 화제로 삼으려 하는 대상을 가리킬 때 사용.

(2) 「そ」계열: 듣는 사람이 말한 내용을 받거나 자신의 화제에 나온 요소, 또는 가정된 내용 속의 요소를 가리킬 때 사용.

(3) 「あ」계열: 기억 속의 요소나 화자(話者)와 청자(聽者)가 공통으로 체험한 요소를 가리킬 때 사용.

(4) 화제 속의 대상을 말할 때는 「こ」와 「そ」가 모두 사용 가능한데 「そ」가 객관적인 느낌을 주는데 비해 「こ」는 화제의 중심이 되거나 그 화제가 계속되는 느낌을 준다.

---

□ 篠崎と言って、別府大学の先生になった人がいるが、この人が大学時代の親友でした。

시노자키라고, 벳푸대학 선생님이 된 사람이 있는데 이 사람이 대학 때 친한 친구였습니다.

□ 子供が大学にいくとすると、その時かかる費用はいくらですか。

우리 애가 대학에 간다고 하면 그때 드는 비용이 얼마입니까?

□ あの時は君の意見に反対したけど、今考えてみると君の意見が正しい。

그때는 네 의견에 반대했지만 지금 생각해 보면 네 의견이 옳다.

---

### 2. 言われている

사물을 논리적·객관적으로 서술할 때나 행위자가 불특정다수인 경우 사용하는 수동표현으로 '~라고 한다'로 번역된다.

---

□ タバコは「百害あって、一利なし」と言われている。  담배는 '백해무익'이라고 한다.

□ 「飲むサラダ」と言われているお茶は？   '마시는 샐러드'라고 하는 차는?

---

### 3. いる/ある

존재를 나타내는 동사로 「いる」와 「ある」가 있다. 일반적으로 「いる」는 사람·동물인 有情物에 쓰이고 「ある」는 식물·사물인 無情物에 쓰이나 유정물이라도 '소유문', '속성에 따른 분류', '멤버 예시', '첫 인물 도입' 등의 경우에는 「いる」와 「ある」 모두 쓸 수 있다.

> □ 車で来る人も<u>ある/いる</u>し、歩いてくる人も<u>ある/いる</u>。
>   차로 오는 사람도 있고 걸어오는 사람도 있다.
>
> □ 有力なグループとしては、Kグループが<u>ある/いる</u>。
>   유력한 그룹으로는 K그룹이 있다.

### 4. ～たところで

동사의 タ형에 붙어서 기대하는 결과를 얻지 못한다는 역접의 의미를 나타낸다. 결과 부분은 부정형이나 부정적인 평가, 판단을 나타내는 표현이 사용된다. 「いくら」「どんなに」와 함께 사용하는 경우도 많음. '～한들', '～한다고 해서'로 번역.

> □ どんなに遅れ<u>たところで</u>、せいぜい5、6分だと思います。
>   아무리 늦는다고 해도 기껏해야 5, 6분일 겁니다.
>
> □ そんなに悲しん<u>だところで</u>、死んだ人が帰って来るわけではない。
>   그렇게 슬퍼한들 죽은 사람이 돌아올 리가 없다.

## 関連語句学習

### 1. ～にとって

「～にとって」는 대개 사람이나 조직을 나타내는 명사를 받아서 '그 입장에서 보면'이란 의미를 나타낸다. 가능·불가능, 어렵다·쉽다 등 평가를 나타내는 동사와 주로 쓰인다. '에게'로 번역.

> □ 母にとってこんな料理は何でもないことです。
> 　어머니한테 이런 요리는 아무것도 아닌 일입니다.
>
> □ 彼にとって韓国は第二の古郷である。그에게 한국은 제2의 고향이다.

### 2. どのような

지시사「コソアド」의 복합계열로 동작의 모양과 상태가 불확실한 속성을 나타내는 경우에 사용된다. 단축형으로「どんな」가 있다.「どんな」는 회화체,「どのような」는 문장체에 쓰인다.

> □ どのような教育が「よい」教育か。어떤 교육이 '좋은' 교육인가.
>
> □ あの人のどんな所が気に入ったの。그 사람의 어떤 점이 마음에 들었니?

**1**

> しかし、日本の将来を考え、**心から、日本人のことを思い、そして世界への目を開いていた偉人と言われている坂本竜馬**は、三十歳に刺客に斬り付けられた。もし竜馬が、あの時暗殺されなかったら、竜馬はついに世界の海援隊を実現して、**三菱をもしのぐ大財閥**になっていたという人もある。

**Tip** **❶** 心から、日本人のことを思い、そして世界への目を開いていた偉人と言われている坂本竜馬 : 연결형어미가 계속해서 쓰이고 있으므로「そして」는 '나아가'로 번역하고「開いていた」는 '돌려'로 번역하는 게 좋다.「世界への」는 오역이 많은 표현으로「の」를 생략하고 '세계로'로 번역해도 된다. '진심으로 일본인을 생각하고 나아가 세계로 눈을 돌려 위인이라 불린 사카모토료마는'으로 바꾸는 것이 자연스럽다.

**❷** 刺客に斬り付けられた : '자객에게 칼에 찔려 숨졌다'로 번역.

**❸** 三菱をもしのぐ大財閥になっていたという人もある :「をも」는 강조. '미츠비시까지도 능가하는 대재벌이 되었다고 하는 사람도 있다'로 번역.

**2**

> 世の中にこういうくだらない人々が**みちみちている**のは、学問そのものに責任がある。**これまでのそれ**は肝心な人間の頭を鍛えることをゆるがせにしてきた。そのため、**口先だけがたっしゃ**で、人間としての心がけがまったくない人々をたくさんつくってしまった。

**Tip** **❶**「みちみちている」는「みちる」가 중복 사용되어 강조를 나타내므로 '넘쳐나고 있다'로 번역되며「これまでのそれは」는「の」를 생략하고 지시어「それは」는 '학문은'으로 번역해서 '이제까지 학문은'으로 하는 것이 자연스럽다.

**❷**「口先だけがたっしゃで」는 '말만 번드르르하지'로 번역하는 게 한국어다운 맛을 살린 번역이라고 할 수 있다.

**3** いくら世の中の制度だけを、改めたところで、それを動かす人間の心が改まらないかぎり、どうにもならない。私は、何よりもまず人間をつくり変える仕事に着手しよう。こう決心したのです。

**Tip** ❶ 「いくら〜ところで」는 '아무리 〜해도'라는 의미이므로 「いくら世の中の制度だけを、改めたところで」는 '아무리 세상의 제도만을 개선했다고 해도'로 번역하는 게 좋다.

❷ 「〜かぎり」는 '〜한'의 의미로 「改まらないかぎり」는 '개선되지 않는 한'으로 번역되며 「どうにもならない」는 '소용없다', '어쩔 도리가 없다'로 번역해야 한다.

❸ 「つくり変える」는 「つくり」와 「変える」가 복합된 것인데 후항동사인 「変える」가 부사 '다시'란 의미로 사용되어 '다시 만드는'으로 번역한다. 일본어의 「着手する」는 조사 「に」를 필요로 하나 한국어의 경우 '〜에 착수하다'와 '〜를 착수하다'가 가능한데 이 경우 '〜를 착수하다'가 자연스럽다.

死んだら石の棺にするかね。木の棺にするかね。
죽으면 돌 관으로 할 건가, 나무 관으로 할 건가?

「うーん、長もちなら石がよいが健康を考えたら木だろうな」
으-음 오래가려면 돌이 좋지만 건강을 생각하면 나무겠지.

◎ 다음은 번역 작품에 보이는 실제 오역 예입니다. 자연스럽게 번역해 봅시다.

**1**

今から五十年ほど前、ソ連の若い技師ツーポレフは、航空研究所で 「これからの飛行機というのは、軽い金属でつくり、もっと大きなものにしていかなくてはいけない。また、たくさんの人、たくさんの物を、速く安全に運べるようなものでなければ、ほんとうの飛行機とはいえない。こいつがそのうちに空を飛ぶんだ。」と考えて、熱心に研究をつづけていました。

지금으로부터 50년 정도 전에 소련의 젊은 기사 츠보레프는 항공연구소에서 "지금부터의 비행기라는 것은 가벼운 금속으로 만들고, 더 큰 것으로 하지 않으면 안된다. 또 많은 사람, 많은 물건을 빠르고 안전하게 운반하지 못한다면 진정한 비행기라고 말할 수 없다. 이것이 그 동안에 하늘을 날거야'라고 생각해 열심히 연구를 계속했습니다.

Tip ❶ 「五十年ほど前」: 번역순서 주의. '50년 전쯤'으로 번역.

❷ 「これからの飛行機というのは」: 수식어 번역 주의. '앞으로 비행기라는 것은'

❸ 「軽い金属でつくり、もっと大きなものにしていかなくてはいけない」: 문장연결과 「ものにして」번역에 주의. '가벼운 금속으로 더 크게 만들지 않으면 안 된다'가 자연스럽다.

❹ 「たくさんの人、たくさんの物を」: 대표단수 번역에 주의. '많은 사람들과 물건들을'로 번역.

❺ 「運べるようなものでなければ」: 「〜ようなもの」번역 생략. '운반하지 못한다면'으로 번역.

❻ 「そのうちに」: 「その」번역 주의. '그 동안에'를 '머지 않아' 혹은 '조만간'으로 번역.

✎

**2**

ファーブルは、それから、虫や植物の勉強にはげんだ。よい本が見つかると、とぼしい給料の中から、むりをしても、それを買った。アビニョンという町の中学校へ転任してからのことである。ファーブルは、盛んに森やおかを歩きまわって虫を観察した。ファーブルにとって、それは、大事なことだった。

파브르는 그 때부터 곤충과 식물 공부에 힘썼다. 좋은 책이 발견되면 부족한 급료에서 무리해서라도 그것을 샀다. 아비뇽이라는 마을의 중학교에 전임해서의 일이다. 파브르는 열심히 숲과 언덕을 걸어다니며 곤충을 관찰했다. 파브르에게 있어서 그것은 중요한 일이었다.

**Tip** ❶「ファーブルは、それから」: 번역 순서와 접속사 주의. '그리고 파브르는'

❷「よい本が見つかると、とぼしい給料の中から」: 자동사를 타동사로 번역. 어휘 번역에 주의. '좋은 책을 발견하면 얼마 안되는 급료 중에서'

❸「それを買った」:「それを」번역 생략.

❹「アビニョンという町の中学校へ転任してからのことである」:「の」와「てからの」번역 주의. '아비뇽이라는 마을에 있는 중학교로 전근한 뒤에 일어난 일이다'

❺「歩きまわって」: '돌아다니며'로 번역.

❻「ファーブルにとって、それは、大事なことだった」:「にとって」와 번역 순서에 주의. '그것은 파브르에게 중요한 일이었다'로 번역.

1. 다음 빈칸에 알맞은 말을 고르시오.

❶ 明治維新が日本に(　　)どのような意義を持ったものであったかは、だれひとり知らないものはないほどである。

① で　　　　　　　② でも　　　　　　③ も　　　　　　　④ とって

❷ これから国を守るのは、剣(　　)ピストル(　　)なく、国際法だという竜馬の時代感覚は鋭かった。

① で　　　　　　　② でも　　　　　　③ も　　　　　　　④ とって

❸ 自分の考えをもっともっと世の中(　　)広めるために、本を書いて出版するということである。

① で　　　　　　　② に　　　　　　　③ も　　　　　　　④ を

2. 다음 밑줄 친 부분을 한국어로 올바르게 번역한 것을 고르시오.

① 明治維新が<u>日本にとって</u>どのような意義を持ったものであったかは、(일본에게 있어서)

② そして<u>世界への目を</u>開いていた偉人と言われている坂本竜馬は、(세계로의 눈을)

③ その<u>どちらの人々も</u>自分たちのいばれる世の中がほしくて、(어느 쪽 사람들도)

④ 口先だけがたっしゃで、<u>人間としての</u>心がけがまったくない人々をたくさんつくってしまった。(사람으로서의)

# 지폐의 초상화

후쿠사와 유키치는 에도막부(江戸幕府) 시대 말기 무사이며 메이지시대의 사상가인 동시에 교육자이다. 현대에는 만 엔짜리 지폐의 상징이기도 하다. 이에 비해 사카모토 류마의 초상화는 왜 채택되지 못하는 것일까??

먼저 화폐에 왜 초상화가 그려지는 것인지 살펴보면 대략 다음과 같은 이유가 있다.

1) 사람의 표정은 조각 면이라서 흉내 내기가 어렵기 때문에 위조하기 힘들다. 실제 메이지(明治) 초기의 정부지폐에는 초상이 없어서 위조범이 극성을 부렸는데 메이지 14년에 진구(神功)황후의 초상을 사용한 뒤로 위조가 급격히 줄었다.
2) 지폐를 사용하는 사람도 초상은 인상에 남기 때문에 미세한 표정변화라도 알아차리게 되어서 위조화폐가 유통되기 어렵다.
3) 지명도가 높고 친근한 인물의 초상을 넣어 친밀감이 생긴다.
4) 지폐의 금액과 종류를 외우기 쉽고 판별하기 쉽다.

다음으로 지폐에 어떤 인물의 초상이 있는지 살펴보자.

메이지 20년 정부는 日本武尊(やまとたけるのみこと), 聖徳太子(しょうとくたいし)등 7명을 선정했다. 이후 종전(終戦)까지 6명, 전후(戦後)에는 12명이 선정되었는데 聖徳太子 외에도 伊藤博文(いとうひろぶみ 초대내각총리대신), 福沢諭吉(ふくさわゆきち 교육가·계몽사상가), 夏目漱石(なつめそうせき 영문학자·소설가), 紫式部(むらさきしきぶ 平安時代 여성작가) 등이 있다. 이 중 가장 많이 채용된 인물은 聖徳太子로 7회를 기록해 지폐의 대명사가 되었다.

平成14년 8월초에 만 엔, 오천 엔, 천 엔짜리 새 지폐가 발행되어 지폐의 초상으로 樋口一葉(ひぐちいちよう)와 野口英世(のぐちひでよ)가 등장하게 되어 화제가 되었다.

이번에는 여성의 사회진출과 문화인물을 배려해 이제까지 선택된 적이 없었던 여성과 과학자를 채용하게 되었다고 한다.

　오천 엔짜리 지폐의 초상으로는 수많은 명작을 남기고 유례없이 아름다운 문체로 높은 평가를 받고 있는 메이지시대의 소설가인 樋口一葉가 선정되었고, 천 엔짜리 지폐는 아동을 비롯해 모든 사람이 가장 소지할 기회가 많다는 점을 고려해 교과서를통해 친근하면서도 세계적으로 지명도가 높은 과학자 野口英世를 채용했다고 한다.

　이상, 平安시대 이후 지폐의 초상은 정치가가 대부분이었다. 무장과 군인이라는 이미지가 있는 사람은 앞으로도 지폐의 초상으로는 채택되기 힘들 것 같다. 류마도 해군이라는 이미지가 너무 강하게 따라다녀서 일본국민에게 가장 존경받으면서도 채택되지 못하는 것이라고 한다.

**MEMO**

# 日本文学界の至宝！「夏目漱石」

＜坊っちゃん＞

　親譲りの無鉄砲で小供の時から損ばかりしている。小学校に居る時分学校の二階から飛び降りて一週間ほど腰を抜かした事がある。なぜそんな無闇をしたと聞く人があるかも知れぬ。別段深い理由でもない。新築の二階から首を出していたら、同級生の一人が冗談に、いくら威張っても、そこから飛び降りる事は出来まい。弱虫やーい。と囃したからである。小使に負ぶさって帰って来た時、おやじが大きな眼をして二階ぐらいから飛び降りて腰を抜かす奴があるかと云ったから、この次は抜かさずに飛んで見せますと答えた。

　親類のものから西洋製のナイフを貰って奇麗な刃を日に翳して、友達に見せていたら、一人が光る事は光るが切れそうもないと云った。切れぬ事があるか、何でも切ってみせると受け合った。そんなら君の指を切ってみろと注文したから、何だ指ぐらいこの通りだと右の手の親指の甲をはすに切り込んだ。幸ナイフが小さいのと、親指の骨が堅かったので、今だに親指は手に付いている。しかし創痕は死ぬまで消えぬ。

＜吾輩は猫である＞

　吾輩は猫である。名前はまだない。どこで生まれたかとんと見当がつかぬ。吾

輩はここで始めて人間というものを見た。

　吾輩の主人は滅多に吾輩と顔を合せる事がない。職業は教師だそうだ。学校から帰ると終日書斎に入ったきり殆んど出て来ることがない。家のものは大変な勉強家だと思って居る。当人も勉強家であるかの如く見せて居る。しかし実際はうちのものがいうような勤勉家ではない。吾輩は時々忍び足に彼の書斎を覗いて見るが、彼はよく昼寝をして居る事がある。時々読みかけてある本の上に涎をたらして居る。彼は胃弱で皮膚の色が淡紅色を帯びて弾力のない不活発な徴候をあらわして居る。その癖に大飯を食う。大飯を食った後でタカヂヤスターゼを飲む。飲んだ後で書物をひろげる。二三ページ読むと眠くなる。涎を本の上へ垂らす。これが彼の毎夜繰り返す日課である。吾輩は猫ながら時々考える事がある。教師というものは実に楽なものだ。人間と生まれたら教師となるに限る。こんなに寝て居て勤まるものなら猫にでも出来ぬ事はないと。それでも主人に云わせると教師ほどつらいものはないそうで彼は友達が来る度に何とかかんとか不平を鳴らして居る。

　吾輩は人間と同居して彼らを観察すればするほど、彼等は我儘なものだと断言せざるを得ないようになった。

# 新しい言葉

親譲(おやゆず)り　대물림, 부모로부터 물려받음, 또 그것

無鉄砲(むてっぽう)　무모함, 분별없음　　　時分(じぶん)　때, 쯤, 무렵, 당시, 적당한 때, 시기

飛(と)び降(お)りる　뛰어내리다　　　　抜(ぬ)かす　빠뜨리다, 빼다, (사이를) 거르다

腰(こし)を抜かす　허리 관절을 삐다, 기겁을 하다

無闇(むやみ)　앞뒤를 생각하지 않고 무턱대고 하는 모양, 터무니없음, 지나침

威張(いば)る　뽐내다, 거만하게 굴다, 으스대다

囃(はや)す　칭찬하거나 비웃기 위해서 와 하고 소리를 지르다, (북·징·피리 등으로)반주하다

刃(は)　(칼 따위의) 날, 날붙이, 칼(=はもの)

翳(かざ)す　빛을 가리듯 눈 위를 받치다, 덮어 가리다, 쬐다, 비추어 보다

切(き)れる　끊어지다, 잘라지다, 무너지다, 터지다, 떨어지다, 다 되다

受(う)け合(あ)う　책임지고 맡다, 떠맡다, 들어주다, 보증하다

斜(はす)に切(き)る　엇베다, 비스듬히 자르다　　斜(はす)　비스듬함

小使(こづか)い　(학교·관청 등의) 용인, 사환　　負(お)ぶさる　업히다, 의지하다

吾輩(わがはい)　나(문어체)

見当(けんとう)がつかない　짐작이 안된다, 가늠할 수가 없다

滅多(めった)に　(부정어 수반)거의, 좀처럼　　~ぎり　~한 채

殆(ほとん)ど　거의　　　　　　　　　　~の如(ごと)く　~와 같이

勤勉家(きんべんか)　근면한 사람　　　　忍(しの)び足(あし)　발소리를 죽이고 걸음

覗(のぞ)く　들여다보다　　　　　　　　涎(よだれ)をたらす　침을 흘리다

胃弱(いじゃく)　위가 약함　　　　　　　皮膚(ひふ)　피부

淡紅色(たんこうしょく)を帯(お)びる　담홍색을 띄다

弾力(だんりょく)　탄력　　　　　　　　不活発(ふかっぱつ)な　활발하지 못한

徴候(ちょうこう)　징후　　　　　　　　そのくせ(癖)に　그런 주제에

おおめし(大飯)　많은 밥　　　　　　　しょもつ(書物)　책, 서적

ひろ(広)げる　퍼지다, 펴다　　　　　　つらい　괴롭다

~たび(度)に　~마다　　　　　　　　　なん(何)とかかんとか　이러쿵저러쿵

ふへい(不平)をな(鳴)らす　불평을 말하다　　わがまま(我儘)な　제멋대로인

## 1.　〜まい　부정추량

「〜ないだろう」의 문장체.

□ もう二度と来ることもある**まい**。이제 두 번 다시 오는 일도 없을 것이다.

□ 君には、まだその意味がわかる**まい**。너는 아직 그 의미를 모를 것이다.

## 2.　〜そうも(に)ない

그런 일이 일어날 가능성이 적다는 의미를 나타낸다.

□ この本は<u>売れそうもない</u>。이 책은 팔릴 것 같지 않다.

□ 仕事は明日までには<u>終わりそうもない</u>。일은 내일까지는 끝날 것 같지 않다.

## 3.　〜そうだ(伝聞)

　종지형에 붙어서 '〜라고 한다'란 의미의 전문(傳聞)을 나타낸다. 남한테 듣거나 책에서 읽어서 알게 된 것을 나타내는 표현이므로 정보원을 가리키는「〜によると」「〜の話では」등과 함께 쓰이는 경우가 많다.

□ 新聞によると津波で10万人以上が死んだ<u>そうだ</u>。
　신문에 의하면 쓰나미로 10만명 이상이 죽었다고 한다.

□ 田中さんの話ではユンさんは来月結婚する<u>そうです</u>。
　다나카 씨 말로는 윤00씨는 다음 달에 결혼한다고 합니다.

### 1. ～たきり～ない

「きり」는 명사에 붙어 '그것뿐'이란 의미로 범위를 한정해서 말하거나 동사의 연용형에 붙어 '다른 것은 하지 않고 오로지 그것만 한다'란 의미로 쓰인다. 또한 「～たきり～ない」의 형태로 '그것을 끝으로 해서 예상되는 사태가 일어나지 않는다'는 의미로 사용된다.

> □ ふたり<u>きり</u>で話し合った。 둘이서만 이야기를 했다.
>
> □ 10年前に出ていった<u>きり</u>、もう帰ってこ<u>ない</u>。
>  10년 전에 나간 뒤 아직도 돌아오지 않는다.

### 2. ～かのごとく

문장체로 「ごとく」는 「ごとし」의 부사형. '현실은 그렇지 않지만 마치 ～인 것과 같이'란 뜻으로 쓰인다.

> □ 娘は、まるで初めて会う人である<u>かのごとく</u>私を見ていた。
>  딸아이는 마치 처음 만난 사람인 것처럼 나를 보고 있었다.
>
> □ 彼はその話を自分に言い聞かせる<u>かのごとく</u>何度も話していた。
>  그는 그 이야기를 자기 자신에게 들려주는 듯이 몇 번이고 말하고 있었다.

### 3. ～にかぎる

'～이 제일이다'란 것을 주장하는데 사용한다. 「～なら/たら」를 앞에 동반하는 경우가 많다.

> □ 疲れたらお風呂に入るの<u>にかぎる</u>。 피곤하면 목욕하는 것이 제일이다.
>
> □ うどんならこの店<u>にかぎる</u>よ。 우동이라면 이 가게가 제일이야.

## 4. ～ば～ほど

같은 말을 반복하여 사용해서 하나의 상황이 진행됨에 따라 다른 상황도 진행되는 것을 나타낸다. '～하면 ～할수록'이라는 의미.

□ 日本語は勉強すればするほど難しくなりますね。
일본어는 공부하면 할수록 어려워지네요.

□ 最近食べれば食べるほど食べたくなる。 최근에 먹으면 먹을수록 먹고 싶어진다.

## 5. ～ざるをえない

그렇게 하는 것 외에 다른 방법이 없다는 의미를 나타낸다(～하지 않을 수 없다). 압력과 절박한 상황 때문에 의도에 반해 그런 행위를 할 수밖에 없음을 나타내는 경우가 많다. 문장체에 쓰인다.

□ この仕事の責任者は私なので行かざるをえない。
이 일의 책임자는 나라서 가지 않을 수 없다.

□ 先生と約束したから一生懸命に勉強せざるをえない。
선생님과 약속했으니까 열심히 공부하지 않을 수 없다.

**1**

> 親譲りの**無鉄砲**で小供の時**から損**ばかりしている。小学校に居る時分学校の二階から
> 飛び降りて一週間ほど腰を抜かした事がある。なぜそんな**無闇**をしたと聞く人があるか
> も知れぬ。別段深い理由でもない。

**Tip** ❶ 「親譲りの無鉄砲で」：「親譲りの」는 동사로 바꾸어서 '부모님한테서 물려받은'으로 번
역하고 「無鉄砲で」는 「で」가 원인·이유를 나타내므로 '무모함 때문에'로 번역하는 게
자연스럽다.

❷ 「損ばかりしている」：「損する」는 '손해보다'란 뜻으로 여기에 '사물의 정도·범위를 한
정해서 말하는 데 쓰는' 「ばかり」가 결합해서 '손해만 보다'라고 번역된다. 「ている」는
'계속'의 의미를 나타낸다.

❸ 「無闇をした」는 '무모한 짓을 했다'란 뜻이고 「あるかも知れぬ」는 「ぬ」가 부정의 의미로
쓰여서 '있을지도 모른다'로 번역.

❹ 「別段深い理由でもない」는 직역하면 '별반 깊은 이유가 아니다'로 오역이 되므로 '딱히
뜻깊은 이유가 있는 것도 아니다'라고 번역해야 자연스럽다.

**2**

> 学校から帰ると**終日書斎**に入ったきり殆んど出て来ることがない。**家のものは**大変な
> 勉強家だと思って居る。**当人も勉強家であるかの如く見せて居る。**

**Tip** ❶ 終日書斎に入ったきり：「終日」는 '온종일', 「きり」는 '오로지 그것만 한다'는 뜻이므로
'온종일 서재에 들어간 채'로 번역.

❷ 家のものは：대표단수. '집안사람들은'이란 의미.

❸ 当人も勉強家であるかの如く見せて居る：「～かの如く」는 '마치 ～인 것 같이'란 뜻이
므로 '당사자도 마치 공부깨나 하는 사람인양 내보이고 있다'로 번역.

**3**

吾輩は時々**忍び足**に彼の書斎を覗いて見るが、彼はよく昼寝をして居る事がある。**教師**というものは実に楽なものだ。人間と生まれたら**教師となるに限る**。こんなに寝て居て勤まるものなら猫にでも出来ぬ事はないと。

**Tip** ❶ 忍び足に : '살금살금 걸어가서'로 번역.

❷ よく : 번역 순서에 주의. '그는 낮잠을 자고 있는 적이 자주 있다'

❸ 教師となるに限る :「に限る」는 '～이 제일이다'이란 뜻으로 쓰였으므로 '교사가 되는 게 최고다'로 번역.

**4**

それでも**主人に云わせると教師ほどつらいものはないそうで**彼は友達が来る度に何とかかんとか**不平を鳴らして居る**。吾輩は人間と同居して彼らを観察すればするほど、**彼等は我儘なものだと断言せざるを得ない**ようになった。

**Tip** ❶ 主人に云わせると :「～に云わせる」는 직역하면 '～에게 말하게 하다'가 되지만 '주인의 말을 빌리자면'이나 '주인 왈'로 번역하는 것이 자연스럽다.

❷ 教師ほどつらいものはないそうで :「そうだ」는 '～라고 하다'란 '傳聞'표현이므로 '교사만큼 힘든 것은 없다고 하며'로 번역.

❸ 何とかかんとか不平を鳴らして居る : '이러쿵저러쿵 불평을 늘어놓는다'로 번역.

❹ 彼等は我儘なものだと断言せざるを得ないようになった :「せざるを得ない」는 '하지 않을 수 없다'란 의미. '그들은 제멋대로라고 단언하지 않을 수 없게 되었다'로 번역.

**잠시 쉬어가기 ホットひといき**

**日本の小噺 -猿-**

台湾猿を五匹輸入したところ一匹が死んでしまった。
대만 원숭이를 다섯 마리 수입했는데 한 마리가 죽어버렸다.

輸入業者が日本猿をまぜたのがバレた。
수입업자가 일본원숭이를 섞은 게 발각되었다.

「何かねあの猿は?」
저 원숭이는 뭐지?

「え, 通訳です」
에, 통역입니다.

◎ 다음은 번역 작품에 보이는 실제 오역 예입니다. 자연스럽게 번역해 봅시다.

**1**

> 西の海に大きな紅い太陽がゆっくり沈むと、待っていたかのごとく、全天が鮮やかな夕焼けに変わった。遠くから、誰かが演奏しているのだろうか、ハワイアンの調べが風に乗って聞こえてくる。故郷の信州での夕焼けは空一面がピンクに色づいたものだが、ここではオレンジ色だ。

> 서쪽 바다에 큰 붉은 태양이 천천히 가라앉으면 기다리고 있었던 것과 같이 전체 하늘이 선명한 저녁놀로 바뀌었다. 멀리서부터 누군가 연주하고 있는 것일까. 하와이안 가락이 바람을 타고 들려온다. 고향 信州에서의 저녁놀은 하늘 전체가 핑크로 물들었지만 여기에서는 오렌지색이다.

Tip ❶ 「太陽がゆっくり沈むと」:「と」는 확정조건이므로 '태양이 서서히 가라앉자'로 번역.
　　❷ 「待っていたかのごとく」: '기다리고 있던 듯이'로 번역.
　　❸ 「全天が」:「全天」은 '하늘 전체'란 뜻이나 문맥상 '하늘이 온통'으로 번역.
　　❹ 「風に乗って聞こえてくる」: 시제에 주의. '바람에 실려 들려왔다'
　　❺ 「故郷の信州での夕焼けは」:「の」와「での」번역에 주의. '고향인 신슈에서 보는 저녁놀은'

**2**

> 「それから、さっき純子さん、何が言いかけたわね。」
> 「え?ああ、馬鹿らしい話なのよ」
> 純子はちょっと今はまずいな、と思った。伸子が自身を失いかけている。こんなときに放火の疑いを持たれてるなんて言ったら。

> 그래서 아까 純子씨 뭔가 말걸었죠.
> 예? 아…바보같은 이야기죠.
> 純子는 지금은 좀 그런데…하고 생각했다. 伸子가 자신을 잃고 있다.
> 이럴 때에 방화 의심을 받고 있다는 것 따위 말하면…

Tip ❶ 「さっき純子さん」: 번역 순서에 주의. '쥰코양 아까'로 번역.
　　❷ 「言いかけたわね」:「言いかける」의「かける」는 '도중까지~하다'이외에 '막~하려 하다'의 의미도 있음. '말하려 하다'로 번역.「わね」는 '확인'의 뜻.

❸ 「馬鹿らしい話」: 문맥에 맞는 어휘 선택이 중요함. '별 볼일 없는 얘기'로 번역.

❹ 「失いかけている」: 「かける」는 '~하기 시작하다'의 의미.

❺ 「なんて」: 「とは」의 회화체. '~라고는'의 의미.

**3**

> 彼女に恋をしてから、多少は仕事に熱心になったが、それは彼女の目の届く範囲に限られており、彼女がコピー室へ入りきりになったりすると、たちまちやる気はどこかへ飛んで行くのだった。
>
> 그녀를 사랑을 하고 나서, 다소 일에도 열심히 되었지만, 그것은 그녀의 눈이 도달하는 범위에 지나지 않아, 그녀가 copy 실에 들어가게 되거나 하면 금세 할 기분은 어디론가 날아갔다.

**Tip** ❶ 「多少は仕事に熱心になったが」: 명사를 동사로 전환해서 번역. '어느 정도는 일도 열심히 했지만'이 자연스럽다.

❷ 「目の届く範囲に」: 「目が届く」는 '시선이 미치다'란 뜻이므로 '시선이 미치는 범위에'로 번역.

❸ 「入りきりになったりすると」: 「きり」 번역 주의. '들어가 버리거나 하면'

1. 고양이가 집 주인을 보고 평한 말 중 해당되지 않는 것을 고르시오.

   ① 勉強家

   ② 大飯を食う

   ③ 楽なもの

   ④ つらいもの

   ⑤ 我儘なもの

2. (   ) 안에 들어갈 말이 잘못된 것을 고르시오.

   ① 吾輩は猫である。名前は ( まだ ) ない。

   ② 彼らを観察すればする ( ほど )、彼等は我儘なものだと断言せざるを得ないようになった。

   ③ 親譲りの無鉄砲で小供の時から損 ( ばかり ) している。

   ④ 友達に見せていたら、一人が光る事は光るが ( 切れるようもない ) と云った。

# 나츠메 소세키 선생께 듣다

Yさん: 나츠메 선생님, 우선 간단히 본인 소개를 부탁드립니다.

夏目先生: 저는 1867년 1월 5일 江戸牛込馬場下横町에서 출생. 본명은 夏目金之助, 제국대학 문학부를 졸업하고 동경고등사범학교 등에서 영어교사를 하다 1900년 영국유학. 귀국 후 第一高等學校에서 교편을 잡고 1905년 처녀작『吾輩は猫である』를 발표, 대 호평을 받았음. 1906년『坊っちゃん』『草枕』등을 발표. 1907년 교직을 그만두고 朝日新聞社에 입사. 그 후『三四郎』등을 발표. 위병으로 고생. 1916년 12월9일『明暗』연재 중 50세에 위궤양으로 사망했습니다.

Yさん: 그럼『吾輩は猫である』에 대해 의문 나는 것 몇 가지만 묻겠습니다.『吾輩は猫である』를 쓰게 된 동기는요?

夏目先生: 高浜虚子군이 내가 신경쇠약으로 고생하고 있을 때 뭔가 써보면 어떻겠냐고해서 기르고 있던 고양이를 주인공으로 해서 한번 써 봤습니다.

Yさん: 타이틀을 왜『吾輩は猫である』라고 했습니까?

夏目先生: 처음에는『猫傳』이라고 했는데 高浜虚子군이 도입부분의「吾輩は猫である」가 재미있다고 해서 바꾸었습니다.

Yさん: 이 작품의 고양이 주인인 苦沙弥 선생이 夏目先生을 모델로 한 것이라던데요.

夏目先生: 맞습니다. 나도 위가 안좋아서 같은 약을 먹고 있습니다. 그런데도 항상 너무 많이 먹어 탈이지요. 제 작품에는 식탐으로 위가 나빠 고생하는 주인공의 이야기가 많이 나옵니다.

Yさん: 작품 중에는 夏目先生 주위 사람이 많이 등장한다던데요.

夏目先生: 주변사람 중 특히 재미있는 사람을 골랐습니다. 그 중에서도 제일 재미있는 사람은 寺田寅彦인데 잡학다식에 꽤 말이 많은 사람입니다. 심심치는 않은데 실제로는 별 도움이 안되는 내용들뿐입니다.

Yさん: 처음 출판될 때는 3권 이상이 될 거란 이야기도 있었다고 하는데 사실입니까?

夏目先生: 예 맞습니다. 출판업자는 좀 더 써달라고 했지만 거절했습니다. 마지막에 고양이가 맥주를 마시고 빠져죽는 걸로 마무리 지었는데 다시 살릴 수도 없고 해서요. 또 출판업자는 돈이 목적이었지만 나도 고집이 만만치 않은 사람이라서요.

Yさん: 그럼 마지막으로 하나만 더 묻겠습니다. 요전까지 1000엔짜리 지폐에 先生의 얼굴이 나왔는데 갑자기 노구치 히데요(野口英世)로 바뀌었는데 어떻게 생각하십니까?

夏目先生: 대답하기 어렵네요. 그러나 잘 된 일이라고 생각합니다. 실은 제가 대머리라서 20년 넘게 사용되었으니 언제 발각될지 몰라 늘 불안했거든요.

Yさん: 이 책을 읽는 이들에게 바라는 말씀이 있다면?

夏目先生: 『吾輩は猫である』를 끝까지 읽어 봐 주셨으면 합니다.

# MEMO

# ノルウェイの森

　十八年という歳月が過ぎ去ってしまった今でも、僕はあの草原の風景をはっきりと思いだすことができる。何日かつづいたやわらかな雨に夏のあいだのほこりをすっかり洗い流された山肌は深く鮮かな青みをたたえ、十月の風はすすきの穂をあちこちで揺らせ、細長い雲が凍りつくような青い天頂にぴたりとはりついていた。空は高く、じっと見ていると目が痛くなるほどだった。風は草原をわたり、彼女の髪をかすかに揺らせて雑木林に抜けていった。梢の葉がさらさらと音を立て、遠くの方で犬の鳴く声が聞こえた。まるで別の世界の入口から聞こえてくるような小さくかすんだ鳴き声だった。その他にはどんな物音もなかった。どんな物音も我々の耳には届かなかった。誰一人ともすれ違わなかった。まっ赤な鳥が二羽草原の中から何かに怯えたようにとびあがって雑木林の方に飛んでいくのを見かけただけだった。歩きながら直子は僕に井戸の話をしてくれた。

　記憶というのはなんだか不思議なものだ。その中に実際に身を置いていたとき、僕はそんな風景に殆んど注意なんて払わなかった。とくに印象的な風景だとも思わなかったし、十八年後もその風景を細部まで覚えているかもしれないとは考えつきもしなかった。正直なところ、そのときの僕には風景なんてどうでもいいようなものだったのだ。僕は僕自身のことを考え、そのときとなりを並んで歩いていた一人の美しい女のことを考え、僕と彼女とのことを考え、そしてまた僕自身のことを考えた。それは何を見ても何を感じても何を考えても、結局す

べてはブーメランのように自分自身の手もとに戻ってくるという年代だったの
だ。おまけに僕は恋をしていて、その恋はひどくややこしい場所に僕を運びこん
でいた。まわりの風景に気持を向ける余裕なんてどこにもなかったのだ。

　でも今では僕の脳裏に最初に浮かぶのはその草原の風景だ。草の匂い、かす
かな冷やかさを含んだ風、山の稜線、犬の鳴く声、そんなものがまず最初に浮
かびあがってくる。とてもくっきりと。それらはあまりにもくっきりとしている
ので、手をのばせばひとつひとつ指でなぞれそうな気がするくらいだ。しかしそ
の風景の中には人の姿は見えない。誰もいない。直子もいないし、僕もいな
い。我々はいったいどこに消えてしまったんだろう、と僕は思う。どうしてこん
なことが起りうるんだろう、と。あれほど大事そうに見えたものは、彼女やその
ときの僕や僕の世界は、みんなどこに行ってしまったんだろう、と。そう、僕に
は直子の顔を今すぐ思いだすことさえできないのだ。僕が手にしているのは人影
のない背景だけなのだ。

## 新しい言葉

歳月(さいげつ)　세월

過(す)ぎ去(さ)る　지나가다, 통과하다, 지나가버리다

ほこり　먼지

山肌(やまはだ)　산 표면

すすきの穂(ほ)　참억새의 이삭

凍(こお)りつく　얼어붙다, 꽁꽁 얼다

梢(こずえ)　나뭇가지 끝

さらさらと　사물이 서로 가볍게 스칠 때 나는 소리(삭삭, 사각사각)

かすむ　안개가 끼다, 희미하게 보이다, 희미해지다, 침침해지다

届(とど)く　(보낸 것·뻗친 것이) 닿다, (도)달하다, 미치다, (소원 따위가) 이루어지다

すれ違(ちが)う　스치듯 지나가다, 엇갈리다

怯(おび)える　무서워하다, 겁내다, 놀라다

見(み)かける　눈에 띄다, 가끔 보다

井戸(いど)　우물

おまけに　그 위에, 게다가

運(はこ)びこむ　날라서 들여놓다, 반입하다

かすかな　희미한, 어렴풋한

含(ふ)くむ　포함하다, 함유하다, 머금다

くっきりと　뚜렷이, 선명하게

すっかり　모두, 아주, 완전히

たたえる　가득(히) 채우다, 담다, (얼굴에) 띄우다

揺(ゆ)らす　흔들다, 흔들리게 하다

雑木林(ぞうきばやし)　잡목림

手(て)もと　바로 옆, 주변

ややこしい　까다롭다

冷(ひや)やか　차가운[쌀쌀한] 모양, 냉담한 모양

稜線(りょうせん)　능선, 산등성이

なぞる　위를 덧쓰다, 그대로 모방하다

## 文法チェック

### 1. ～てしまう

「てしまう」의 의미, 용법에는 크게 두 가지가 있는데 하나는 '물건이 전부 없어지다' '행위가 전부 끝나다'란 의미로 쓰이는 경우고 다른 하나는 '원래 해서는 안 되는 것을 해서 유감이다, 혹은 미안하다'란 기분을 나타내는 경우인데 전자를 '완료의 의미', 후자를 '유감의 의미'라고도 한다.

> □ ダイエット中なのに一人でケーキを全部食べてしまいました。
> 다이어트 중인데 혼자서 케이크를 다 먹어버렸습니다. (완료)
>
> □ 日本語のレポートを持ってくるのを忘れてしまいました。
> 일본어 레포트 가져오는 걸 잊어버렸습니다. (유감)

### 2. 可能表現

어떤 동작이나 상태를 실현할 능력을 가진 것을 나타내는 표현을 가능표현이라고 하는데 일본어의 가능표현에는 동사가능형(「書ける」, 「読める」)과 「～することができる」 등이 있으며 두 표현 사이에는 의미 차이가 거의 없다.

> □ 長島さんは韓国語が話せる。
> 長島さんは韓国語が話すことができる。
> 나가시마씨는 한국어를 할 수 있다.

### 3. ～て(で)

テ形「～て」는 동작과 사건이 계속해서 일어날 때나 원인 이유 등의 의미로 사용된다. 한국어로는 '～어(아)' '～고' '～며' '～서' 등 다양하게 번역되므로 주의를 해야 한다.

> □ おじいさんは山へ行って、おばあさんは川へ行きました。
> 　 할아버지는 산으로 가고 할머니는 강으로 갔습니다.
>
> □ うちに帰って夕御飯を食べましょう。 집에 돌아가서 저녁을 먹읍시다.
>
> □ 試験が終わって、ぐっすり寝られた。 시험이 끝나서 푹 잘 수 있었다.

## ④. ～さえ

어떤 한 가지 극단적인 예를 통해서 그 밖의 사물에 대해서 유추하는 의미. 「～も」로 바꾸어 말할 수 있는데 「～さえ」는 이보다 더 강조하는 의미로 '가뜩이나 ～인데'라는 의미도 있다. 「～もそうだから、他も当然そうだ。」라는 것을 암시한다.

> □ 食事することさえ忘れてしまうほど、彼は研究に熱中していた。
> 　 식사하는 것조차 잊어버릴 정도로 그는 연구에 열중하고 있다.
>
> □ 1年も一緒に働いているのに、私の名前さえ覚えてくれない。
> 　 일년이나 같이 일했는데 내 이름조차 기억해 주지 않는다.
>
> □ 彼らは話すことさえできないんだぞ。 그들은 이야기조차도 하지 못해.

## 1. 복합동사 : 〜つく 〜こむ

두 개 이상의 동사로 형성된 단어로 「〜ます」형에 결합된다. 병렬관계와 종속관계가 있는데 병렬관계는 성분들이 대등한 관계이고 종속관계는 한쪽이 다른 쪽에 종속되어 있는 경우를 말한다. 종속관계의 경우 어휘적인 결합 외에 보조동사로 접속되는 경우가 많다.

> □ けさはほとんど凍りつくほどに寒い。 오늘 아침은 거의 얼어붙을 정도로 춥다.
>
> □ ここ半世紀で注ぎ込んだ資金は、十億円になるという。
> 　　최근 반세기에 쏟아부은 자금이 10억엔이 된다고 한다.

## 2. 正直なところ

표면상이나 속임수가 아닌 본심을 말할 때의 표현. "솔직히 말하면, 이제 집에 가고 싶다" 등과 같이 투덜거린다.

> □ 正直なところそれがそのまま彼女の言ったことです。
> 　　솔직히(말하면) 그게 그대로 그녀가 한 말이에요.
>
> □ 正直なところ、こういうことは苦手です。 솔직히(말해서) 이런 건 잘 못해요.

### 잠시 쉬어가기　　ホットひといき

❶ 座れば高くなり、立てば低くなるもの。
앉으면 높아지고 서면 낮아지는 것은?

✎

❷ 大きくなればなるほど小さくなるもの。
커지면 커질수록 작아지는 것은?

✎

◎ 다음은 번역 작품에 보이는 기계번역 오역 예입니다. 자연스럽게 번역해 봅시다.

**1**

> タクシーのラジオは、FM放送のクラシック音楽番組を流していた。曲はヤナーチェックの『シンフォニエッタ』。渋滞に巻き込まれたタクシーの中で聴くのにうってつけの音楽とは言えないはずだ。運転手もとくに熱心にその音楽に耳を澄ませているようには見えなかった。中年の運転手は、まるで舳先に立って不吉な潮目を読む老練な漁師のように、前方に途切れなく並んだ車の列を、ただ口を閉ざして見つめていた。青豆は後部席のシートに深くもたれ、軽く目をつむって音楽を聴いていた。

기계번역 1
택시 라디오는 FM 방송의 클래식 음악 프로그램을 내보내고 있었다. 곡은 야나체크의 「심포니엣타」. 교통 체증에 걸린 택시 안에서 듣기에 안성맞춤인 음악이라고 할 수 없다. 운전사도 특별히 열심히 그 음악에 귀를 기울이는 것 같지는 않았다. 중년 운전사는 마치 뱃머리에 서서 불길한 바닷물을 읽는 노련한 어부처럼 앞에 끝없이 늘어선 차량 대열을 그저 입을 다물고 바라보고만 있었다. 아오마메는 뒷좌석 시트에 깊숙이 기대어 가볍게 눈을 감고 음악을 듣고 있었다.

기계번역 2
택시 라디오는 FM 방송의 클래식 음악 프로그램을 흘리고 있었다. 노래는 야나체쿠의 "신포니에타" 교통 체증이 택시 안에서 듣기에 훌륭한 음악이라고는 할 수 없을 것이다. 운전자도 특히 열심히 그 음악에 귀를 기울이고있는 것 같지는 않았다. 중년의 운전자는 마치 뱃머리에 서서 불길한 난류의 경계점보기 노련한 어부처럼 앞으로 끊김없이 늘어선 자동차 열을 그냥 입을 다물고 바라보고 있었다. 풋콩은 뒷 좌석 시트에 깊숙이 기대어 살짝 눈을 감고 음악을 듣고 있었다.

**2**

3人の新しい生活が、千葉県に程近い江戸川区葛西という地で始まった。新たに引っ越してきたこの地では、知らない人ばかり。障害を持った子供の親は、その子を家に閉じ込め、その存在すら隠してしまうということもあるそうだが、ボクの両親は、決してそんなことはしなかった。近所の人にボクの存在を知ってもらおうと、いつでもボクを連れて歩いてくれた。今でこそ十数センチの手足があるが、当時は胴体にジャガイモがコロントくっついているようなもの。

기계번역 1

3명의 새로운 생활이,치바현에 가까운 에도가와구,카사이라고 하는 땅에서 시작되었다.새로 이사 온 이 땅에서는 모르는 사람뿐이다.장애아의 부모는 그 아이를 집에 가두고 존재조차 숨기기도 한다지만, 우리 부모는 결코 그러지 않았다.이웃에게 나의 존재를 알리기 위해 언제나 나를 데리고 다녔다. 지금은 십수 센티미터의 팔다리가 있지만 그때는 몸통에 감자가 꼭 붙어 있는 것과 같다.

기계번역 2

3 명의 새로운 생활이 치바현에 가까운 에도가와 구 카사이는 땅에서 시작되었다. 새로 이사 온 이 땅에서는 모르는 사람뿐. 장애를 가진 아이의 부모는 그 아이를 집에 가두고 그 존재조차 숨겨버리는 일도 있다고하지만, 저의 부모님은 결코 그런 일은하지 않았다. 이웃에 저의 존재를 알리고자하면 언제든지 복을 데리고 걸어 주었다. 지금은 수십 센티미터의 손발이 있지만, 당시는 몸통에 감자가 코론토 붙어있는 것 같은 것.

✎

1. (    ) 안에 들어갈 말이 잘못된 것을 고르시오.

　① 正直な( ところ )、そのときの僕には風景なんてどうでもいいようなものだったのだ。。
　② 手をのばせばひとつひとつ指でなぞれ( そうな )気がするくらいだ。
　③ 空は高く、( じっと )見ていると目が痛くなるほどだった。
　④ どうしてこんなことが起り( える )んだろう。

2. 다음 밑줄 친 부분이 오역인 것을 고르시오.

　① 僕と彼女とのことを考え、そしてまた僕自身のことを考えた。(그녀와의 것)
　② 細長い雲が凍りつくような青い天頂にぴたりとはりついていた。(꽁꽁 얼어붙은)
　③ まっ赤な鳥が雑木林の方に飛んでいくのを見かけただけだった。(눈에 띄었을)
　④ 僕はそんな風景に殆んど注意なんて払わなかった。(주의 따위)

# 일본어 문에서 「。」는 어떤 의미? 문장부호의 유래

우리가 글을 읽을 때 글자 사이에 쓰여 있는 부호에 대해서는 거의 주의를 기울이지 않는다. 그러나 부호는 글에서 대단히 중요한 역할을 한다.

세계에서 가장 많이 개봉된 신카이 마코토(新海誠) 감독의 『君の名は。』란 일본 장편 애니메이션이 한국에서도 '너의 이름은。'이란 제목으로 개봉되어 '센과치히로의 행방불명' 다음으로 관객수가 많았다. 그런데 독특한 점은 영화 제목에서 일본과 한국 모두 「。」(고리점)을 쓴 이유이다.

일본의 경우 의문문의 경우도 일반적으로 「。」을 사용하지만 광고문의 경우 '?'를 사용하는 경우가 많고 제목에는 부호를 사용하지 않는 규정이 있다. 한국의 경우에도 제목에는 부호를 사용하지 않는 게 일반적이며 「。」는 세로쓰기에만 사용한다는 규정이 있었으나 최근에는 문장부호 규정에서 모점(、)과 함께 삭제되었다.

한편, 일본에서도 「君の名は。」에 「。」이 쓰인 이유에 대해 의견이 분분한데 '의문의 여지가 없는 확신이기 때문이다'란 의견이 많다. 영화 속에서 "너의 이름은?"하고 물어보는 장면이 계속해서 나오는데 이것은 마지막 대사에서처럼 "이미 이름을 알아요." "네 이름에 확신을 가지고 있어."라는 의미이다. 영어 제목이 의문문이 아니라 「Your name.」으로 번역되어 있는 것도 아마 같은 의미일 것이다.

신카이 마코토 감독도 인터뷰에서 「。」이 쓰인 이유에 대해 묻자 "극 중에서 여러 가지 의미로 반복되는데 'Who are you?'라는 의미로도 말하고 'I know your name'이라는 의미로도 말합니다. 또 혹은 네 이름은이란 말로 일단락되어 버리는 순간도 있고, 다음에 또 다른 방향으로 다시 시작되는 순간도 있어서..."라고 답하고 있다.

「。」는 일본어로 마루(まる, 동그라미) 혹은 구템(句点)이라고 하는데 규정에는 하나의 문이 완전히 끝날 경우에 사용하며 「」『』 안에서도 사람에 따라 문의 종지에 사용한다. 단, 제목과 표어 또는 사물의 명칭만을 배열할 경우에는 사용하지 않는다고 명시되어 있다. 그러나 실제로는 사용방식이 명확하지 않으며 개인에 따라 차이가 있다. 광고문의 경우 제목에 「。」을 사용하는 경우도 보인다. 특히 '하나의 문 끝에 사용한다'는 원칙을 적용하면 문제가 없지만 회화문에서 「」의 맨 끝에 「。」을 찍을지 여부가 논란이 되고 있다. 신문기사나 소설에서는 찍지 않는데 이는 「。」과 「」 모두 문장 끝을 나타내는 부호라 중복이 되기 때문이라고 한다. 또한 신문의 표제와 사진 설명 등에도 「。」를 사용하지 않는 것이 보통이다. 「」안의 문 종결에 「。」을 찍을지 여부는 개인차가 보인다.

이렇듯 문장부호에 대해서는 규정이 있지만 개인차가 있어 확정하기가 어렵다. 문장부호 사용이 명확하지 않은 이유는 일본 고유 표기법이 아니기 때문이라고 할 수 있다.

서구식 문장부호의 이입으로 읽기 쉽고 이해하기 쉬워졌다.

일본어의 경우 근대 이후 한자어에 비해 고유일본어가 많아지고 문장체에서 구어체에 가까워지면서 이해하기 쉬운 문장으로 바뀌었는데 문장이 이해하기 쉬워졌다는 점에서는 부호도 중요한 역할을 했다고 할 수 있다. 문의 의미를 정확하고 효과적으로 전달하기 위해 근대 이후 문장에는 「。」을 비롯해 여러 가지 부호를 사용하고 있다. 그러나 이런 부호들을 사용하지 않는 것이 오랜 세월 일본문장의 관례였다. 다만 한문을 훈독할 때 훈점의 일종으로 부호가 붙여진 예가 이미 12세기 헤이안 시대(平安朝) 초기에 있었고 중세이전부터는 한자가나혼용문(漢字板名混用文)을 읽을 때 句点을 썼다. 그러나 이 모두 읽는 측의 주석 작업의 일환으로 쓰인 것이고 쓰는 측에서 표기의 수단으로 句点을 사용하게 된 것은 훨씬 후세의 일이다. 더욱이 그 형식도 일정치 않아 에도시대에는 일부가 사용되는데 불과했고 句点이 현재와 같이 정착된 것은 明治 초기 이후라 할 수 있다.

한편 ?"는 의문"을 나타내는 부호로 원래 공문서나 교과서에는 사용하지 않으나 TV, 광고문 등에서 일반적으로 많이 사용되고 있다. 그런데, 최근에는 의문문이 아닌데도 ?'를 사용하는 경우가 늘고 있어 문제로 지적되기도 한다. 웹상에서 메일에서 終わったかも知れません'라고 쓸 때, 마지막에 。'와 ?' 중 어느 쪽을 사용하는지에 대해 설문한 결과, 30대 이상에서는 。"만이라는 사람이 대부분이었지만 20대에서는 。"와 ?" 둘 다 사용한다는 대답이 대부분이었다. 20대에서는 SNS 등에서 「終わったかも知れません(끝났을지도 모르는데요)?」라고 쓰는 것이 일반적인 것 같다. 아마도 현대 일본어에서는 ?"가 나타내는 의미가 「의문」에서 「글의 소리가 상승하는 것」으로 변화하고 있는 것은 아닐까 예상된다.

빅토르 위고도 외딴섬에서 19년 망명 기간 동안 문학에만 몰두하면서 레 미제라블(장발장)"이라는 걸작품을 남겼다. 작품에 대한 바깥세상의 평판이 궁금하여 출판사에 ?"라고 적힌 편지를 보냈는데 출판사에서 답변으로 !"라고 보냈다고 한다. 빅토르 위고의 ?"는 내 작품은 잘 팔리고 있습니까? 평판은 어떻습니까?"란 내용이고 출판사의 !"는 아주 잘팔립니다. 평판도 좋습니다."란 내용이라고 한다. 이 편지들이 세상에서 가장 짧은 편지라고 한다.

(「일본어 문에서 「。」는 어떤 의미? 문장부호의 유래」, 『키워드로 읽는 일본문화3』

윤호숙, 글로세움 한국일어일문학회)

# MEMO

# 孤島の鬼

　私はまだ三十にもならぬに、濃い髪の毛が、一本も残らず真白になっている。この様不思議な人間が外にあろうか。嘗白頭宰相（はくとうさいしょう）と云われた人にも劣らぬ見事な綿帽子が、若い私の頭上にかぶさっているのだ。私の身の上を知らぬ人は、私に会うと第一に私の頭に不審の目を向ける。無遠慮な人は、挨拶がすむかすまぬに、先ず私の白頭についていぶかしげに質問する。これは男女に拘らず私を悩ます所の質問であるが、その外にもう一つ、私の家内と極親しい婦人だけがそっと私に聞きに来る疑問がある。少々無躾（ぶしつけ）に互るが、それは私の妻の腰の左側の腿の上部の所にある、恐ろしく大きな傷の痕についてである。そこには不規則な円形の、大手術の跡かと見える、むごたらしい赤あざがあるのだ。

　この二つの異様な事柄は、併し、別段私達の秘密だと云う訳ではないし、私は殊更にそれらのものの原因について語ることを拒む訳でもない。ただ、私の話を相手に分からせることが非常に面倒なのだ。それについては実に長々しい物語があるのだし、又たとえその煩わしさを我慢して話をして見た所で、私の話のし方が下手なせいもあろうけれど、聞手は私の話を容易に信じてはくれない。大抵の人は「まさかそんなことが」と頭から相手にしない。私が大法螺吹きか何ぞの様に云う。私の白頭と、妻の傷痕という、れっきとした証拠物があるにも拘らず、人々は信用しない。それ程私達の経験した事柄というのは奇怪至極なも

のであったのだ。

　私は、嘗て「白髪鬼」という小説を読んだことがある。それには、ある貴族が早過ぎた埋葬に会って、出るに出られぬ墓場の中で死の苦しみを嘗めた為、一夜にして漆黒の頭髪が、悉く白毛と化した事が書いてあった。又、鉄製の樽の中へ入ってナイヤガラの滝へ飛込んだ男の話を聞いたことがある。その男は仕合せにも大した怪我もせず、瀑布を下ることが出来たけれど、その一刹那に、頭髪がすっかり白くなってしまった由である。凡そ、人間の頭髪を真白にしてしまう程の出来事は、この様に、世にためしのない大恐怖か、大苦痛を伴っているものだ。三十にもならぬ私のこの白頭も、人々が信用し兼ねる程の異常事を、私が経験した証拠にはならないだろうか。妻の傷痕にしても同じことが云える。あの傷痕を外科医に見せたならば、彼はきっと、それが何故の傷であるかを判断するに苦しむに相違ない。あんな大きな腫物のあとなんてある筈がないし、筋肉の内部の病気にしても、これ程大きな切口を残す様な藪(やぶ)医者は何所にもないのだ。焼けどにしては、治癒のあとが違うし、生れつきのあざでもない。それは丁度そこからもう一本足が生えていて、それを切り取ったら定めしこんな傷痕が残るであろうと思われる様な、何かそんな風な変てこな感じを与える傷口なのだ。これとても亦、並大抵の異変で生じるものではないのである。

## 新しい言葉

濃い(こい)　진하다

不思議な(ふしぎな)　이상한

劣る(おとる)　(딴 것만) 못하다, 뒤떨어지다

かぶさる　덮이다, 씌워지다, (책임·부담 등이) 덮어 씌워지다, 자기에게 돌아오다[미치다]

不審(ふしん)　자세히 알지 못함, 확실하지 않음, 의심스러움

無遠慮(ぶえんりょ)　사양하지 아니함, 제멋대로 행동함

いぶかしい　의심[의아]스럽다, 수상쩍다

腿(もも)　넓적다리, 대퇴

むごたらしい　비참하다, 끔찍하다, 잔혹하다, 무자비하다

あざ　피부의 반점, (살갗의) 멍

殊更(ことさら)　일부러, 고의로, 짐짓, 특별히, 새삼스레

拒(こば)む　거부하다, 응하지 않다, 저지하다, 막다

煩(わずら)わしい　번거롭다, 귀찮다, 성가시다

我慢(がまん)　참음, 자제(自制), 용서함

れっきとした　어엿한, 확실한

悉(ことごと)く　전부, 모두, 모조리

樽(たる)　(술·간장 등을 넣어 두는 크고 둥글며 뚜껑이 있는) 나무 통

滝(たき)　폭포

由(よし)　(그럴 만한) 유래, 연유, 사정, 까닭 (=わけ)

凡(およ)そ　대강, 대충, 대개, 무릇, 일반적으로

ためし　선례(先例), 예, 보기

伴(ともな)う　함께 가다, 따라[데리고]가다, 동반하다

何故(なにゆえ/なぜ)　왜, 어째서, 무엇 때문에

藪医者(やぶいしゃ)　돌팔이 의사

生(うま)れつき　천성, 선천적으로

生(は)える　나다

変(へん)てこな　이상야릇한, 뚱딴지같은

並大抵(なみたいてい)　(흔히 否定이 따라서) 보통 정도, 흔함, 이만저만

残る(のこる)　남다

嘗(かつて)　일찍이, 예전부터, 전에(예스러운 말씨)

見事(みごと)　훌륭함, 멋짐, 뛰어남

無躾(ぶしつけ)　무례

事柄(ことがら)　사항, 일, 사물의 형편, 사정

大法螺吹(おおぼらふき)　몹시 허풍을 떰

嘗(な)める　핥다, 맛보다

怪我(けが)　상처

腫物(はれもの)　부스럼, 종기

焼(や)けど　화상, 뎀, 데인 상처(火傷)

丁度(ちょうど)　꼭, 정확히, 마치, 마침, 알맞게

定(さだ)めし　틀림없이, 필시, 아마

**文法チェック**

**1.** **〜す/さす**

古文의 조동사(助動詞)「す」「さす」에는『使役』의 용법이 있다.『使役』은 누군가가 다른 사람에게 명령해서 무언가를 하게 하는 것을 나타낸다. 현대어로는「〜せる」「〜させる」라고 한다.

> □ 妻(め)の嫗(おうな)に預けて<u>養わす</u>　［竹取物語］
>   妻である嫗に預けて、<u>養わせる</u>。［現代語訳］
>   아내인 할멈한테 맡기어 키운다.
> □ 先生はいつも生徒に辞書で知らない単語を<u>調べさせる</u>。
>   선생님은 언제나 학생들에게 사전에서 모르는 단어를 찾게 한다.

**2.** **〜に**

「〜し(동사-ます형)に」는 '〜하러'란 의미의 移動動詞의 목적을 나타낸다.「PしにQ」에서 P와 Q는 동일한 주체의 의지 동작이며 Q는「行く、来る、帰る、戻る、上がる、降りる」 등의 移動動詞에 한한다.「買い物、勉強」 등 동작을 나타내는 명사에「に」가 붙은 경우도 같은 의미를 나타낸다.

> □ アメリカからはるばる彼女に<u>会いに</u>来ました。 멀리 미국에서 그녀를 만나러 왔습니다.
> □ デパートへ<u>買い物に</u>行きました。 백화점으로 쇼핑을 하러 갔습니다.

**3.** **〜わけ**

형식명사「わけ」는 '이유'의 의미로 사용되는데 뒤에「ではない」와「がない」가 붙어서 '반드시 〜는 아니다'와 '(당연히) 〜리가 없다'의 의미를 나타낸다.

> □ サングラスをかけた日本人が急に増える*わけ*が分かる？
>
> 　선글라스를 낀 일본인이 갑자기 느는 이유를 알아?
>
> □ 値段が安いからといって、悪い*わけ*ではない。
>
> 　값이 싸다고 해서 (반드시) 나쁜 건 아니다.
>
> □ あんな下手な絵が売れる*わけ*がない。 저런 못 그린 그림이 팔릴 리가 없다.

**④ ～はず**

말하는 사람이 어떤 근거에 준해서 당연히 그럴 것이라고 생각하는 것을 말할 경우에 사용한다. 단 판단의 근거가 논리적으로 이치에 맞아야 한다.

> □ 明日は晴れる*はず*だ。 내일은 개일 것이다.
>
> □ 彼はここに来る*はず*だ。 그는 여기에 올 것이다.

 **出るに出られぬ/ない**

능력이 없어서 '할 수 없는' 게 아니라 사정 혹은 다른 이유가 있어서 '할 수 없다'란 의미이다.

---

□ 荷物が届くのを待っているから、<u>出るに出られない</u>。
　짐이 도착하는 것을 기다리고 있기 때문에, 나갈래야 나갈 수가 없다.

□ 鍵がかかっているから、<u>出ようにも出られない</u>。
　(문어)잠겨 있어서 나가려고 해도 나갈 수가 없어

□ 鍵がかかっているから、<u>出ようと思っても出られない</u>。
　(문어)잠겨 있어서 나가려고 생각해도 나갈 수가 없다.

□ 鍵がかかっているから、<u>出たくても出られない</u>。
　(문어)잠겨 있어서 나가고 싶어도 나갈 수가 없어.

---

**2.　～ところ**

「ところ」는 장소를 나타내는 명사인데「私のところへ(に)来てください」라고 하면 '내가 있는 장소로 와 달라'는 의미이므로 번역할 때는 '나한테로 오세요'라고 해야 한다. 한국어와는 달리 조사「へ(に)」앞에는 장소를 나타내는 명사가 와야 하므로 인칭대명사인「私」에「ところ」를 붙여「へ(に)」를 쓴 것이다.

---

□ アラジンは老人をお母さんの<u>ところ</u>に案内しました。
　알라딘은 노인을 어머니한테 안내했습니다.

□ 首相の<u>ところ</u>に行きました。수상한테 갔습니다.

---

### 3. 〜にしても

「たとえそうでも」という意味

…(하)는 경우에도, …인 경우에도, …에게도, …도 역시

---

□ このブランドの服は、デザインがいい<u>にしても</u>、高すぎる。

　이 브랜드의 옷은 디자인이 좋지만 너무 비싸다.

□ どんな仕事をする<u>にしても</u>、人間関係は大切だ。

　어떤 일을 하든 인간관계는 중요하다.

---

**日本のなぞなぞ(수수께끼): 掛詞かけことば**

＊掛詞란 同音異義語로 놀기

おじさんが、リアカーを引いていました。坂のところで、子供たちに押してくれるように頼みましたが、"おさないから"と断られました。なぜでしょう?

아저씨가 리어커를 끌고 있었습니다. 언덕에서 아이들에게 밀어 줄 것을 부탁하자 아이들은 "おさないから"라며 거절했습니다. 왜일까요?

◎ 다음은 번역 작품에 보이는 기계번역 오역 예입니다. 자연스럽게 번역해 봅시다.

**1**

体も弱く、駈足(かけあし)をしても鉄棒をやっても人に負ける上に、生来の吃(ども)り
が、ますます私を引込思案にした。そしてみんなが、私をお寺の子だと知っていた。
悪童たちは、吃りの坊主が吃りながらお経を読む真似(まね)をしてからかった。講談の
中に、吃りの岡(おか)っ引(びき)の出てくるのがあって、そういうところをわざと声を出
して、私に読んできかせたりした。

기계번역
몸도 허약하고, 달리기를 해도 철봉을 해도 남에게 지는 데다 타고난 말더듬이가 더욱 나를 끌어들여
궁리했다. 그리고 모두가 나를 절의 아이로 알고 있었다.악동들은 말을 더듬는 중이 말을 더듬으며
불경을 읽는 시늉을 하며 놀렸다.강담 중에 말을 더듬는 오카비쿠가 나오는 것이 있어서, 그런 부분을
일부러 소리내어 나에게 읽어 들려주곤 했다.

**2**

が、娘の事は一先づ措きまして、これから又親の良秀の事を申し上げませう。成程猿の方は、かやうに間もなく、皆のものに可愛がられるやうになりましたが、肝腎の良秀はやはり誰にでも嫌はれて、相不變(あひかはらず)陰へまはつては、猿秀呼りをされて居りました。しかもそれが又、御邸の中ばかりではございません。現に横川(よがは)の僧都様も、良秀と申しますと、魔障にでも御遇ひになつたやうに、顔の色を變へて、御憎み遊ばしました。

기계번역
하지만 딸에 대해서는 차차 제쳐두고, 앞으로 또 부모님 양수에 대해 말씀드리겠습니다.과연 원숭이 쪽은 얼마 지나지 않아 모든 사람에게 귀여움을 받게 되었지만, 중요한 요시히데는 역시 누구에게나 싫어하여 변함없이 그늘로 가서는 원숭이 소리를 듣고 있었습니다.게다가 그게 또 댁 안뿐만이 아닙니다.실제로 요코가와 요가하의 승관님도 요시히데라고 하면, 마귀라도 대접받자 마자 마자의 색을 바꾸고 미움을 사셨습니다.

**3**

国境の長いトンネルを抜けると雪国であった。夜の底が白くなった。信号所に汽車が止まった。

向側の座席から娘が立って来て、島村の前のガラス窓を落した。雪の冷気が流れこんだ。娘は窓いっぱいに乗り出して、遠くへ叫ぶように、

「駅長さあん、駅長さあん」

明りをさげてゆっくり雪を踏んで来た男は、襟(えり)巻(まき)で鼻の上まで包み、耳に帽子の毛皮を垂れていた。

もうそんな寒さかと島村は外を眺(なが)めると、鉄道の官舎らしいバラックが山(やま)裾(すそ)に寒々と散らばっているだけで、雪の色はそこまで行かぬうちに闇(やみ)に呑(の)まれていた。

---

기계번역

국경의 긴 터널을 빠져나오니 설국이었다. 밤 밑바닥이 하얘졌어 신호등에 기차가 멈췄어.

맞은편 좌석에서 딸이 일어나 섬마을 앞 유리창을 떨어뜨렸다.눈의 냉기가 흘러들었다.딸아이는 창문 가득히 나서서 멀리 외치듯

"역장안, 역장안"

불빛을 내리고 천천히 눈을 밟고 온 남자는 옷깃(목도리) 두루마리(목도리)로 코 위까지 감싸고 귀에 모자털을 늘어뜨리고 있었다.

벌써 그런 추위와 섬마을은 밖을 내다보니 철도의 관사다운 막사가 산자락에 한산하게 흩어져 있을 뿐 눈의 색깔은 미처 가지 못하고 어둠에 휩쓸리고 있었다.

---

✎

1. 본문의 내용과 다른 것을 고르시오.

① 나는 아직 서른 살도 안됐는데 머리카락이 온통 새하얗다.

② 한 귀족이 너무 일찍 매장당해 묘지에서 죽을 고초를 겪었다.

③ 내 아내의 얼굴에 끔찍한 붉은 멍이 있다.

④ 인간의 머리카락을 하얗게 만들어 버릴 정도의 일은 큰 공포나 고통을 동반한다.

2. 다음 밑줄 친 일본어를 자연스러운 한국어로 번역하시오.

❶ 無遠慮な人は、挨拶がすむかすまぬに、先ず私の白頭についていぶかしげに質問する。

✎

❷ これ程大きな切口を残す様な藪医者は何所にもないのだ。

✎

❸ れっきとした証拠物があるにも拘らず、人々は信用しない。

✎

❹ たとえその煩わしさを我慢して話をして見た所で、聞手は私の話を容易に信じてはくれない。

✎

# 江戸川乱歩의 세계

에도가와 란포(Edogawa Rampo, ~1965)의 본명은 히라이 타로. 일본 추리 소설의 아버지라고 불리는, 일본을 대표하는 추리 소설가다. 애드거 앨런 포의 이름에서 필명을 땄다. 1923년 『동전 2전』으로 대뷔한 후 다수의 작품을 발표하였다. 1935년 『소년 탐정단』 시리즈 제1편인 『20면상』을 발표하여 큰 인기를 얻었고, 이후 일본을 대표하는 탐정 소설가로 자리잡았다. 또 '탐정 작가 클럽'을 만들어 일본 추리 소설 발전에 힘을 쏟았다. 1965년 뇌출혈로 세상을 뜨자 추리 소설을 향한 그의 의지를 되새기고자 '에도가와 란포상'이 제정되었다. [네이버 지식백과]

일본의 추리 소설은 란포로 시작된다.

'아케치 코고로', '괴인 20면상', '소년탐정단'을 모르는 일본사람은 없다. 하지만, 에도가와 란포라고 하면 「에로그로(에로스&그로테스크)」 세계의 요염한 매력밖에 없다. 대공황 시대의 쇼와 초기에 대중은 그런 '에로그로 넌센스'를 요구하였다. 그리고 란포 자신도 그런 세계를 독자적으로 연구할 정도로 빠져 있었다. 스트레스와 불만으로 가득찬 정신은 그런 세계를 갈망할 것이다. 버블 붕괴 후인 1994년 영화 'RAMPO'가 란포 탄생 100주년으로 기록돼 개봉한 것을 계기로 란포 붐이 일었다. 시대의 물결과 함께 란포는 몇 번이나 부활한다. 필시 인간의 본질이 거기에는 있다고 생각한다. 소녀취향, 인형애, 사조 마조... etc.

지금 왜 란포인가?

에도가와 란포는 현대에도 매우 인기 있는 작가이다. 그의 소설을 바탕으로 영화, 드라마, 만화, 애니메이션 등 폭넓은 작품이 만들어졌기 때문에 문학에 별로 관심이 없는 사람들도 이름만은 들어 본 적이 있을 것이다. 명탐정 코난의 주인공인 에도가와 코난의 이름의 유래가 되기도 할 정도이다. 이사 46회, 직장도 전전 등, 에도가와 란포는 의외의 인생을 살았다.

『江戸川乱歩の性格・特徴や人柄は？作風や人気の理由についても』

# MEMO

---

**第01課 ▼ 誤訳の功罪 / 오역의 공죄**

---

「時には小さな誤訳が大きな悲劇を生むこともある。」
"때로는 작은 오역이 큰 비극을 낳는 경우도 있다."

いや、一人の運命のみならず、何十万という人命を奪うこともあり得るのが誤訳である。
아니, 한사람의 운명뿐만이 아니라 몇 십만이라는 목숨을 빼앗을 수도 있는 것이 오역이다.

映画「日本の一番長い日」の中で触れてあった、有名ないわゆる「終戦秘話」を思い出していただきたい。
영화 "일본의 가장 긴 날" 중에서 다루어진 그 유명한 "총전비화"를 떠올리기 바란다.

昭和二十年七月二十六日、米・英・中・ソの連合国は日本に無条件降伏を勧告するポツダム宣言を発表したが、これに対しわが国は、「政府は黙殺」(同年七月二十八日付朝日新聞見出し)という態度をとった。
쇼와(昭和) 20년 7월 26일, 미·영·중·소 연합국은 일본에 무조건 항복할 것을 권고하는 포츠담 선언을 발표했으나 이에 대해 우리나라는 "정부는 묵살"(동년 7월 28일자 아사히신문)이라는 태도를 취했다.

日本側のこの姿勢は、中立国の報道網を通じ、日本はポツダム宣言を"ignore"する、と連合国側に伝えられた。
일본 측의 이 자세는 중립국의 보도망을 통해 일본은 포츠담 선언을 "ignore"한다고 연합국 측에 전해졌다.

当時、すでにソ連に和平仲介を依頼していた日本がこのような態度に出たことは米英首脳を驚かせ、広島と長崎に原爆を投下する決定がなされた――と歴史書には記されている。
당시, 이미 소련에 평화중개를 의뢰했던 일본이 이런 태도를 보인 것은 미영 수뇌를 놀라게 하여 히로시마와 나가사키에 원폭을 투하하는 결정이 내려졌다고 역사서에는 쓰여 있다.

「黙殺する」とは、「問題にせず、黙っていて相手を認めさせないこと。見て見ぬふりをして、とり合わないこと」(『新潮国語辞典』)という消極的な態度であるのに対し、英語のignoreは、注意を向けることを拒否する。故意に無視する。[起訴状などを]虚偽ないしは事実無根としてしりぞけ、あるいは否決するとあるように、かなり積極的な拒絶行動を意味する。

"묵살하다"란, 문제로 삼지 않고, 잠자코 상대방이 인정하게끔 하지 않는 것. 보고도 못 본 척 하고 상관하지 않는 것"(신쵸국어사전)이라는 소극적인 태도인데 반해 영어의 ignore는 주의를 돌리는 것을 거부하다, 고의로 무시하다, [기소장 같은 것을] 허위나 사실무근으로 거절하거나 또는 부결하다와 같이 상당히 적극적인 거절행동을 의미한다.

やや極端な言い方をすれば、単語一つのわずかなニュアンスの差が、三十万にものぼる人命を奪う結果になった、と言えるかもしれない。

약간 극단적으로 말하면, 단어 하나의 사소한 뉘앙스의 차이가 30만에 달하는 인명을 빼앗는 결과가 되었다고 할 수 있을지도 모르겠다.

A＝Bの単純な置き換えが危険であることは、おわかりいただけただろう。

A=B라는 식으로 단순하게 바꿔놓는 것이 위험하다는 것을 아셨을 것이다.

外国語の移植はちょうど草花の移植と同じように特定の単語や表現を一株だけ土をはらって引き抜いては、往々にして全体を枯らしてしまう結果になる。

외국어 이식은 마치 화초와 같이 특정 단어와 표현을 한 그루만 흙을 털어내어 뽑아내면 왕왕 전체를 말라죽게 해 버리는 결과가 된다.

できるだけ広く、まわりの土もいっしょに掘り起こし、それが育ってきた土壌ごと移し換えることが、情報のずれを最大限にとどめる有効な手段である。

되도록이면 넓게 주위의 흙도 함께 파내어 그것이 자라난 토양째 옮겨 심는 것이 정보의 왜곡을 최대한 억제하는 유효수단이다.

件名: 勉強会へのお誘いありがとうございました。
제목: 스터디에 불러 주셔서 감사합니다.

佐藤先生
사토 선생님

こんにちは。日本語学部のジヒョンです。
안녕하세요. 일본어학부 지현입니다.

すみません。冬休みの勉強会なのですが、あいにく、12月20日から23日まで翻訳のクラスで研修に行く予定が入っております。
다름 아니라, 겨울방학에 있을 연구회 건입니다만, 공교롭게 12월20일부터 23일까지 번역 수업에서 연수를 갈 예정이 잡혀 있습니다.

せっかく誘っていただいたのに、良いお返事ができずに申し訳ございません。
모처럼 불러 주셨는데 좋은 답변을 드리지 못해서 죄송합니다.

私にとっては勉強についてだけでなく、先輩の田中さんにいろいろな話が聞けるいい機会でしたので、大変残念です。
誘っていただきありがとうございました。
저에게는 공부에 대해서 뿐만 아니라 다나카 선배님에게 여러 가지 이야기를 들을 수 있는 좋은 기회였기 때문에 매우 아쉽습니다.
불러 주셔서 감사합니다.

またこのような機会がありましたら、声をかけていただけるとうれしいです。またお話聞かせてください。
失礼いたします。
ジヒョン
이런 기회가 또 있어서 알려 주시면 기쁘겠습니다. 또 말씀해 주세요
이만 실례하겠습니다.
지현

---

件名: 原稿チェックのお願い
제목: 원고 체크 부탁

山下先生
3年生のジェボムと申します。
야마시타 선생님
3학년 재범이라고 합니다.

事務の佐々木さんから先生をご紹介いただき、初めてメールさせていただいております。
사무 담당 사사키씨에게 선생님을 소개받고 처음으로 메일을 드립니다.

お願いがあるのですが、実は来月、日本語学部で開催されるパーティーで3分くらいのスピーチをすることになっております。
부탁이 있습니다만, 실은 다음 달에 일본어학부에서 개최하는 파티에서 3분정도의 스피치를 하게 되었습니다.

一度原稿を書いてみましたが、日本語の先生である山下先生に原稿を見ていただけたらと思っております。
원고를 한 번 써보았습니다만, 일본어 선생님이신 야마시타 선생님께서 원고를 봐주셨으면 합니다.

もし見ていただけるようでしたら、今週研究室にいらっしゃるお時間を教えていただけないでしょうか。
만약 봐 주실 수 있으시면 이번 주 연구실에 계시는 시간을 알려 주실 수 없을까요?

直接伺わず、メールでのお願いで申し訳ありません。
よろしくお願いいたします。
ジェボム
직접 말씀드리지 않고 메일로 부탁드려서 죄송합니다.
잘 부탁드립니다.
재범

外来語と日本文化
외래어와 일본문화

ここに、カードとカルタとカルテという三つの言葉がある。カードはふつう書きこみをして資料の整理や集計に使う、小さな紙のことであり、カルタは、百人一首のように遊びに使うもの、カルテは、医者が患者の病気の様子を書きこむ紙のことである。
여기에 카드와 카루타와 카르테라는 3개의 단어가 있다. 카드는 보통 기입해서 자료 정리와 집계에 쓰는 작은 종이를 말하고 카루타는 百人一首처럼 놀이에 쓰는 것, 카르테는 의사가 환자의 병 상태를 써넣는 종이를 말한다.

ただ、カード・カルタ・カルテという言葉には、一つだけ大きなちがいがある。それは、共に外国から来た言葉であるが、言葉を伝えた国がちがうということである。カードはもともと英語、カルタはポルトガル語、カルテはドイツ語なのである。
단 카드·카루타·카르테라는 말에는 단 한 가지 큰 차이가 있다. 그것은 모두 외국에서 온 말이지만 말을 전해준 나라가 다르다는 것이다. 카드는 원래 영어, 카루타는 포르투갈어, 카르테는 독일어이다.

ところが、英語でふつうカードという場合は、図書館のカードはもちろん、遊びに使う厚紙も、医者が病気の様子を書きこむ紙も、みなカードという。そればかりではない。似たような厚紙は、はがきもめいしも、みなカードなのである。ドイツ語のカルテの場合も、ポルトガル語のカルタの場合も、ほぼ同様である。つまり、これらの言葉は、もともとは字を記す厚手の紙を指す同じ言葉だった。それなのに、日本語に入ってきたとたんに、どれも意味がせまくなり、別々のちがう言葉のようになってしまったのである。
그런데 영어로 보통 카드(card)라고 할 경우는 도서관의 카드는 물론이고 놀이에 쓰는 두꺼운 종이나 의사가 병 상태를 써넣는 종이를 모두 카드(card)라고 한다. 그뿐만이 아니다. 비슷한 두꺼운 종이는 엽서나 명함 모두 카드(card)이다. 독일어인 카르테의 경우나 포르투갈어인 카루타의 경우도 거의 같다. 즉 이 단어들은 원래 글자를 적는 두꺼운 종이를 가리키는 같은 단어였다. 그런데 일본어에 들어오자마자 어느 것이나 모두 의미가 좁아져 각각 다른 단어처럼 되어버렸다.

一つの国が、他の国の言葉を使うようになるには、まずその国の間に交わりがなければならない。そして、いくら交わりがあっても、使い慣れた言葉があるものには、わざわざ他の国の言葉を借りないのがふつうである。「ご飯」という言葉があるのに、わざわざ　「ライス」とよぶようなことがあるけれども、
こういうことはふつうには起こらない。つまり、今までなかった品物や習慣・制度、初めて教わる技術や学問・宗教など、ひっくるめていえば、新しい文化が、外国から入ってきたときに、それを表す外国の言葉を取り入れるのがふつうなのである。そのうえ、国と国との交わりも、友達の交わりと同様に、いつごろ、どのような交わりを結んだかによって、受ける影響もさまざまである。カード・カルタ・カルテの意味のちがいには、これらの言葉をもたらした国々と日本との交わりのちがいが、反映しているのである。
한 나라가 다른 나라의 말을 쓰게 되기 위해서는 우선 그 나라 사이에 교류가 없으면 안된다. 그리고 아무리 교류가 있어도 익숙해진 말이 있다면 굳이 다른 나라 말을 빌리지 않는 것이 보통이다. 밥이라는 단어가 있는데 굳이 라이스라고 부르기도 하지만 이런 일은 보통 일어나지 않는다. 다시 말해서 지금까지 없었던 물건이나 습관, 제도, 처음으로 배운 기술이나 학문, 기술, 종교 등을 통틀어 말하면 새로운 문화가 외국에서 들어왔을 때 그것을 나타내는 외국의 말을 받아들이는 것이 보통이다. 게다가 나라와 나라의 교류도 친구간의 교류와 마찬가지로 언제쯤 어떠한 교류를 했느냐에 따라서 받는 영향도 여러 가지이다. 카드·카루타·카르테의 의미 차이에는 이 단어들을 가져온 나라들과 일본의 교류 차이가 반영되어 있다.

いろいろな国の文化は、たがいに交流して他の国々に吸収され、人類の心と暮らしを豊かにする。外来語は、その文化の交流の現れであるといえよう。
여러 나라의 문화는 서로 교류하고 다른 나라들에 흡수되어 인류의 마음과 생활을 풍부하게 한다. 외래어는 이 문화 교류가 반영된 것이라고 할 수 있을 것이다.

8月19日　真夏に卵かけご飯!?
8월 19일 한여름에 날달걀 밥이라니!?

嫁「ねぇ。あなたの今日の弁当さぁ…、卵かけご飯でいいかしら？」
아내「있잖아. 오늘 당신 도시락 말인데…. 날달걀 밥 괜찮을까? 」

夫「たっ、卵かけご飯…」
남편「날, 날달걀 밥…」

すまん、嫁よ…、
미안, 여보….

俺には、意味が全く分からんのだが…。有名な牛丼の店でさえも、夏の間は生卵のお持ち帰りは禁止している。
나는 이해가 전혀 안되는데…. 유명한 규돈 가게에서도 여름에는 날달걀을 가져가지 않아.

もちろん、こんな暑さの中で生卵を持ち帰るのは、大変危険なことなのだ。
물론, 이런 더위 속에서 날달걀을 갖고 가는 것은 매우 위험한 일이지.

分かっている…。
알아….

それは日本中の主婦なら誰でもわかっていることだ。
그것은 일본에 있는 주부라면 누구나 알고 있는 일이다.

なのに、うちの嫁は、卵かけご飯を本気で考えている。
그런데 우리 아내는 날달걀 밥을 진심으로 생각하고 있어.

夫 「お前、自分で何を言ってるのかわかってるのか？真夏に生卵を持っていくなんて、自殺行為もいいとこじゃないか。」
남편「당신, 자신이 무엇을 말하고 있는지 알고 있는 거야? 한여름에 날달걀을 가지고 가다니, 자살행위에도 정도가 있지.」

嫁「大丈夫よ…。あなたの胃だったら。」
아내「괜찮아….당신 위라면.」

夫「…。」
남편「…。」

嫁「もう、こんな暑いし、朝早くから、あなたの弁当なんて作りたくないのよね。悪いけど。」
아내「이제 이렇게 더운데 아침 일찍부터 당신 도시락 따위 만들고 싶지 않아. 미안하지만.」

全然、悪びれていないのが嫁らしい。
전혀 주눅 들지 않는 게 아내답다.

やさしい嫁だったら「明日、どんなおかずを作りましょうか」などと聞いてくるんだろうが…。
친절한 아내였다면, '내일 어떤 반찬을 만들까요?'라고 물어볼 텐데….

嫁 「今どき、毎日弁当作っている主婦なんか、そういないわよ。弁当屋のおばちゃんじゃないんだから。」
아내 '요즘 세상에 매일 도시락 만드는 주부는 그렇게 많지 않아. 도시락 가게 아줌마가 아니니까.'

夫 「いいか。働くお父さんのお弁当を朝からお母さんが一生懸命作ってくれる。これは昔から、みんなやって来た事じゃないか。地震・雷・火事・オヤジ。昔のお父さんは恐い存在で、家族のみんなからは一目置かれてたもんだぞ。もう少し俺に気配りをしてはくれないだろうか…」
남편 '있잖아, 일하는 남편의 도시락을 아침부터 엄마가 열심히 만들어 준다. 이것은 옛날부터 모두 해왔던 거 아니야? 지진·천둥·화재·아버지. 옛날 아버지는 무서운 존재로 가족 모두에게 존경을 받았단 말이야. 조금 더 나에게 마음을 써줄 수는 없어?'

嫁 「でも、うちのお父さんは、いつも…『うちは、お母さんが一番恐いから…』って言ってたわよ。」
아내 '하지만, 우리 아버지는 항상 「우리 집은 엄마가 가장 무섭다니까…」라고 말했어..'

夫 「お義父さん。だめじゃないですか…。」
남편 '장인어른. 그러시면 안 되잖아요….'

嫁「とりあえず、暑いんで夏の間は弁当を作らないことに決めたから。」
아내 '일단 더워서 여름 동안에는 도시락을 만들지 않기로 결정했으니까.'

決まったそうです…。
결정했다고 합니다….

弥太郎さんが、本をたくさん読んでいるご隠居さんの所を訪ねます。
야타로 씨가 책을 많이 읽는 어르신네를 찾아갔습니다.

弥太郎 「隠居さん。 こんちは。」
「어르신 안녕하세요.」

ご隠居 「あー。 よく来たね」
「어 잘 왔네.」

弥太郎 「本ばかり読んでいますが、おもしろいんですか」
「책만 읽고 계시는데 재미있나요?」

ご隠居 「世間が明るくなるな」
「세상이 밝아지는구먼.」

弥太郎 「電気がいらなくなるんですか？」
「전기가 필요 없어지나요?」

ご隠居 「そうじゃない。 ものしりになる」
「그렇지 않아. 박식해지지.」

弥太郎 「あっしの知らないことを知っているのですか」
「제가 모르는 걸 아시나요?」

ご隠居 「まぁ。 たいがいのことは、答えられるよ」
「뭐, 대개는 대답할 수 있지.」

弥太郎 「たどんの上下とか、がんもどきのうらおもてなんかもわかるんですか」
「숯덩이의 위아래나 유부의 겉과 속 같은 것도 아십니까?」

ご隠居 「もう少し、まともなことをききなさい」
「좀 더 제대로 된 걸 물어보게.」

弥太郎 「婚礼のことを嫁入りっていいますが、なぜですか？」
「혼례를 요메이리(시집간다)라고 하는데 왜 그럴죠?」

ご隠居 「かんたんなことだ。 目が男に二つ、女に二つ、あわせて四つだから、四目入りだな」
「간단해. 눈이 남자에게 두개, 여자에게 두개, 합쳐서 4개니까. 요메이리지.」

弥太郎「ヘー。目からきているんですね。それで、めでたいんだな。」
　　　　「예에. 눈에서 온 거네요. 그래서 메데다이(경사스러운 일)네..」

弥太郎「いった日から奥さんとなりますが」
　　　　「간 날부터 아내가 되는데..」

ご隠居「家の奥で、子供を産むからだよ」
　　　　「집 안에서 아이를 낳으니까 그렇지..」

弥太郎「つまらないこと、きいちゃったな」
　　　　「시시한 걸 물어봤군요.」

ご隠居「ははは」
　　　　「하하하.」

弥太郎「人は死んだらどうなるんです？」
　　　　「사람은 죽으면 어떻게 되나요?」

ご隠居「ふつう、極楽へいくな」
　　　　「보통, 극락에 가지..」

弥太郎「極楽というのは、どこにあるんです？」
　　　　「극락이란 건 어디에 있나요?」

ご隠居「十万億土の向こうにある」
　　　　「땅 밑 저편에 있어..」

弥太郎「向こうといいますと？」
　　　　「저 편이라면?」

ご隠居「西方阿弥陀の淨土だ」
　　　　「서방 아미타불의 정토야..」

弥太郎「西方阿弥陀の淨土といいますと？」
　　　　「서방 아미타불의 정토라 하시면?」

ご隠居「西方だから、西の方だな」
　　　　「서방이니까, 서쪽이지..」

弥太郎「高円寺とか荻窪のへんですか？」
　　　　「코엔지나 적와 근처인가요?」

ご隠居「もっと、ずーっと西の方だ」
　　　　「더, 훨씬 서쪽이야..」

弥太郎「ずーっと、西の方と言いますと？」
　　　「훨씬 서쪽이라 하시면?」

ご隠居「たいへんなところだ」
　　　「힘든 곳이지.」

弥太郎「たいへんなところといいますと？」
　　　「힘든 곳이라 하시면?」

ご隠居「お前のようなやつは、地獄へいくぞ」
　　　「너 같은 놈은 지옥에 갈 거야.」

弥太郎「地獄というのは、どこにあるんです？」
　　　「지옥이란 건 어디에 있나요?」

ご隠居「極楽のとなりだよ」
　　　「극락 옆이다.」

弥太郎「極楽は？」
　　　「극락은?」

ご隠居「地獄のとなり」
　　　「지옥 옆.」

弥太郎「地獄は？」
　　　「지옥은?」

ご隠居「うるさいなぁ。もう帰りなさい」
　　　「시끄럽구나. 그만 돌아가거라..」

弥太郎「極楽を見るまでは、帰りません」
　　　「극락을 볼 때까지 안 돌아갑니다.」

ご隠居「しかたない。こっちへおいで」
　　　「어쩔 수 없군. 이쪽으로 와..」

弥太郎「これは、仏壇ですね」
　　　「이건 불단이군요.」

ご隠居「これが極楽。みんな死ぬとここにきて仏になる」
　　　「이것이 극락이야. 모두 죽으면 여기에 와서 부처가 된다.」

弥太郎 「鶴も亀も死ぬとここへ来て仏になれますか？」
　　　　「학이나 거북이도 죽으면 여기에 와서 부처가 될 수 있나요?」

ご隠居 「いや。畜生だから仏にはなれない」
　　　　「아니, 동물이라서 부처는 될 수 없다.」

弥太郎 「仏になれなければ、何になりますか？」
　　　　「부처가 못되면 무엇이 되나요?」

ご隠居 「よく見なさい。ロウソク立てになる」
　　　　「잘 봐라. 촛대가 된다.」

弥太郎 「…」

議題には興味ない様子でおしゃべりをする生徒たち。
見かねた学級委員がパンッと机を叩く。しんと静まり返る教室。
의제에는 흥미가 없는 모습으로 잡담을 하는 학생들.
보다 못한 학급 위원이 쾅하고 책상을 내리친다. 잠잠하게 쥐죽은 듯 조용해진 교실.

アキ「目覚めた時のジュリエットの気持ってどうだったんだろう……好きな人が先にいなくなる気持」
아키「눈을 떴을 때 줄리엣의 심정이 어땠을까. 좋아하는 사람이 먼저 죽은 심정.」

サク「重じいに聞いてみりゃいいよ」
사쿠「시게 할아범한테 물어보면 돼.」

アキ「なんで？」
아키「어째서?」

サク「ここだけの話…写真館の重じいの初恋の人って、校長の先生だったんだって。本当は結ばれる
　　　はずだったんだけど、戦争という時代に邪魔されて結ばれなかった…って言っても片思いなんだ
　　　けどね、結局」
사쿠「우리끼리 얘긴데…사진관 시게 할아범의 첫사랑 말이야, 교장 선생님이었대. 사실은 당연히 맺어질 거였는데, 전쟁이라
　　　는 시대에 방해 받아서 맺어지지 못했어 …그래봤자 결국은 짝사랑이지만.」

アキ「うそー」
아키「거짓말」

サク「その思いは今でも続いてるんだから。百年の半分もひとりの人のことを思ってられるなんて信じ
　　　られないよ」
사쿠「그 마음은 지금도 계속되고 있다니깐. 백년의 반이나 한사람을 생각할 수 있다니 믿어지지 않아.」


**墓地 (夜)**
묘지 (밤)

木々に囲まれた墓地の中、懐中電灯で照らしながら歩いてくるサクとアキ。
나무들에 둘러싸인 묘지 안, 회중전등으로 비추면서 걸어오는 사쿠와 아키.

サク「にしても無茶苦茶だよ、これ。へたしたら犯罪だよ」
사쿠「아무리 그래도 터무니없어, 이건. 잘못하면 범죄야.」

アキ「どうして？ロマンチックで素敵じゃない」
아키「어째서? 로맨틱하고 근사하잖아.」

サク「重じい、この骨どうするつもりなんだろ？自分の墓まで持ってくんじゃないの？」
사쿠 「시게 할아범, 이 유골 어쩔 셈이지? 자기 무덤까지 가져가는 거 아냐?」

アキ「そっかー。重じい、同じお墓に入れないんだもんね」
아키 「그런가. 시게 할아범, 같은 무덤에 들어갈 수는 없는 거지.」

サク「誰かくるー」
사쿠 「누가 온다.」

アキとサク、墓石の陰に隠れる。
아키와 사쿠, 묘비의 뒤에 숨는다.


**乗降口**
**승강구**

大人になった朔太郎が立っている。
어른이 된 사쿠타로가 서 있다.

朔太郎の聴くウォークマンからはあの日のアキの声が聞こえている。
사쿠타로가 듣는 워크맨에서는 그 날의 아키 목소리가 들렸다.

アキの声「十月二十八日……どうしてかな、眠れないの……明日が来るのが怖くて眠れないの……あ
　　　　し、もうすぐ死ぬと思う……でも、私のサクへの思いは変わりません」
아키의 목소리 「10월 28일…왜일까, 잘 수가 없어…내일이 오는 것이 두려워서 잘 수가…없어…나, 이제 곧 죽을 거야…하지
　　　　만, 사쿠를 향한 내 마음은 변하지 않아요.」

ご飯をギュッっと握って海苔を巻いた食べ物には、ご存知のように「おにぎり」と「おむすび」という2つの呼び方があります。

밥을 꽉 쥐어 김을 만 음식에는 아시다시피 오니기리(주먹밥)"와 오무스비(주먹밥)"라는 2개의 호칭이 있습니다.

日本人の食生活にはなくてはならない食べ物の一つです。同じ食べ物を表す言葉ですが、その由来は異なり、「おにぎり」は動作が起源になっていますし、「おむすび」は神様の名前が起源になっています。

일본인의 식생활에 없어서는 안 되는 음식의 하나입니다. 같은 음식을 나타내는 말이지만 유래가 다른데 오니기리(주먹밥)"는 동작이 기원이고 오무스비(주먹밥)"는 신의 이름에서 기원하고 있습니다.

日本人と「おにぎり」 「おむすび」の歴史は古く、石川県からは炭の米粒のかたまりが見つかっています。これは弥生時代に蒸して固めたもち米で、日本最古の「おにぎり」「おむすび」だろうとされています。

일본인과 오니기리" 오무스비"의 역사는 오래 되었는데 이시카와현에서는 쌀알의 숯덩어리가 발견되었습니다. 이것은 야요이시대에 쪄서 뭉친 찹쌀로 일본에서 가장 오래된 오니기리"와 오무스비"일 거라고 추정되고 있습니다.

奈良時代の文献『常陸国風土記』には、「握飯(にぎりいい)」という語句が登場。その名の通り、ご飯を握る動作に由来していて、これが「おにぎり」に転じました。

나라시대의 문헌인 히타치노쿠니후도키"에는 握飯(にぎりいい)"라는 어구가 등장합니다. 그 이름대로 밥을 쥐는 동작에 유래하고 있고 이것이 오니기리"로 바뀌었습니다.

「おむすび」の語源となったのは『古事記』に登場する「産巣日神(むすびのかみ)」という神様。この神様が宿った米粒を食べれば五穀豊穣にめぐまれるとされ、やがて握ったご飯を「おむすび」と呼ぶようになりました。また、「おむすび」は「おにぎり」の女性言葉として宮中の女性などに使われていたようです。

오무스비"의 어원이 된 것은 고지키"에 등장하는 무스비노카미"라는 신입니다. 이 신이 깃든 쌀을 먹으면 오곡풍양(오곡이 풍년이 들어 잘 여묾에 혜택을 받았다고 여겨 결국 뭉친 밥을 오무스비"라고 부르게 되었습니다. 또한 오무스비"는 오니기리"의 여성어로서 궁중 여성 등에게 사용되었던 것 같습니다.

ご飯を握った食べ物は、平安時代に貴族の下働きをする者へ出す食事や旅人のお弁当などとして用いられるようになりました。江戸中期には、一般に普及し始めた海苔を巻くようになって「にぎりめし」という呼び方が定着していったのです。

밥을 뭉친 음식은 헤이안시대에 귀족의 허드렛일을 하는 사람에게 내주는 식사나 나그네의 도시락 등으로 이용하게 되었습니다. 에도 중기에는 일반에게 보급되기 시작한 김을 말게 되어 니기리메시"라는 호칭이 정착하게 되었습니다.

現在、全国的には「おにぎり」という呼び方が主流になっており、「おむすび」は関東～東海道、北陸、中国地方などで使われることが多いようです。

현재 전국적으로는 오니기리"라는 호칭이 주류가 되었으며 오무스비"는 간토에서 도카이도, 호쿠리쿠, 츄고쿠 지방 등에서 사용되는 일이 많은 듯합니다.

十一月五日。
11월 5일

俺は今日偶然、同じクラスの佐竹という男と話をした。つい俺が創作の話を持ち出すと、あの男は突然こんなことをいった。
나는 오늘 우연히 같은 반인 사타케란 남자와 이야기를 했다. 내가 무심코 창작에 관한 이야기를 꺼내자 그 남자는 갑자기 이런 말을 했다.

「僕も、実は昨日百五十枚ばかりの短篇を、書き上げたのだが、どうもあまり満足した出来栄えとは思われないのだ」と、いかにも落ち着いた態度でいった。百五十枚の短篇！それだけでも俺はかなり威圧された。
「사실은 나도 어제 150장 정도의 단편을 완성했는데 아무래도 그다지 만족스러운 결과라고는 생각되지 않아」라며 아주 차분한 태도로 말했다. 150장의 단편이라니! 그것만으로도 나는 상당히 위압당했다.

俺が今書きかけている戯曲は、わずかに七十枚の予定だ。しかも俺はそれはかなりの長篇と思っている。しかるに、この男は百五十枚の小説を短篇だといった上、まだこんなことをいった。
내가 지금 쓰고 있는 희곡은 고작 70장 예정이다. 게다가 나는 그것이 상당히 장편이라고 생각하고 있다. 그런데 이 남자는 150장의 소설을 단편이라고 한데다가 여전히 이런 말을 했다.

「実は今、僕は六百枚ばかりの長篇と、千五百枚ばかりの長篇とを書きかけているのだ。六百枚の方は、もう二百枚ばかりも書き上げた。いずれでき上ったら、何かの形式で発表するつもりだ」と、いうことが大きい上に、いかにも落着いている。
「사실은 지금 나는 600장 가량의 장편과 1500장 가량의 장편을 쓰고 있어. 600장 쪽은 이미 200장 정도나 썼지. 조만간 다 되면 어떤 형식으로 발표할 생각이야」라고 큰소리치는 데다가 매우 침착하다.

俺のように決して焦っていない。この男の書いたものを一行も読んでいないから、この男の創作の質については一言もいわないが、六百枚、千五百枚という量からいって、この男は何かの偉さを持っているに違いない。
나처럼 결코 초조해 하지 않는다. 이 남자가 쓴 것을 한 줄도 읽지 않았기 때문에 이 남자가 쓴 창작의 질에 대해서는 한마디도 할 수 없지만 600장, 1500장이라는 양으로 보아 이 남자는 틀림없이 뭔가 대단하다.

俺は佐竹君をかなり尊敬し始めた。ただ同県人で一面識しかない林田草人を頼りにして、澄ましておられるこの人の呑気さが、少し淋しかった。まったく無名の作家たる佐竹君の百五十枚の小説を、林田氏の紹介によっておいそれと引き受ける雑誌が中央の文壇にあるだろうか、また門弟でもなんでもない佐竹君のものを、林田氏が気を入れて推薦するだろうか？
나는 사타케 군을 상당히 존경하기 시작했다. 단지 동향인으로 일면식밖에 없는 모리타소진을 의지하여 시치미를 떼고 있는 이 사람의 무사태평이 조금은 씁쓸했다. 전적으로 무명작가인 사타케 군이 쓴 150장의 소설을 모리타씨의 소개로 쉽사리 떠맡을 잡지가 중앙 문단에 있을까? 아니면 문하생도 뭣도 아닌 사타케 군 것을 모리타씨가 마음에 들어서 추천한 것일까?

あの人は、投書家からいろいろな原稿を、読まされるのに飽ききっているはずだ。こんな当てにならないことを当てにして、すぐにも華々しい初舞台(デビュー)ができるように思っている佐竹君の世間見ずが、俺は少し気の毒になった。

그 사람은 투고자로 인해 여러 원고를 마지못해 읽는데 질렸을 것이다. 이런 미덥지 못한 사실에 의지하여 곧바로 화려한 첫 무대(데뷔)가 가능할 것처럼 생각하고 있는 세상물정 모르는 사타케 군이 나는 조금 가엾어졌다.

実際、本当のことをいえば、文壇でもずぼらとして有名な林田氏が、百五十枚の長篇を読んでみることさえ、考えてみれば怪しいものだ。佐竹君の考えているように、すべてがそうやすやすと運ばれて堪るものかと思った。

사실 진실을 말하자면 문단에서도 흐리터분한 것으로 유명한 모리타씨가 150장의 장편을 읽어보는 것조차 생각해보면 이상한 것이다. 사타케 군이 생각하는 것처럼 모든 게 그리 쉽게 진행될 성싶은 것일까라고 생각했다.

七月の末、栃木県の日光にある東照宮を見学した。杉の深い木立に囲まれた表参道を歩いていくと、正面に黒ずんだ石の鳥居が見えてくる。

7월 말, 도치기현의 닛코에 있는 도쇼구를 견학했다. 울창한 삼나무 숲에 둘러싸인 오모테산도를 걷노라니 정면에 거무스름한 돌 도리이가 나타났다.

右手に三仏堂の大きな屋根が見え、左手には五重の塔がある。鳥居の前のゆるい傾斜の石段は、千人枡形といって、昔、お城の石段などに用いられたものに、よく似ているそうだ。

오른쪽으로 산부츠당의 커다란 지붕이 보이고 왼쪽으로는 오층탑이 있다. 도리이 앞의 완만한 경사가 있는 돌계단은 많은 사람의 집단 형태라고 해서 옛날에 성의 돌계단 등에 이용된 것과 용케 닮았다고 한다.

朱ぬりの表門をくぐって中へ入ると、まず目につくのは、「想像の象」の彫刻で名高い三神庫である。この建物は奈良の正倉院の校倉造りをまねたもので、中には東照宮の春・秋の大祭に使う品物をしまってある。敷石づたいに左手に曲がると、左側に東照宮唯一の素木造りの建物がある。

주황색 칠을 한 정문을 지나 안으로 들어가면 우선 눈에 띄는 것이 「상상의 코끼리」 조각으로 유명한 산진고다. 이 건물은 나라시대 쇼소인의 아제쿠라 양식을 본뜬 것으로 안에는 도쇼구의 봄가을 대제에 사용하는 물건을 넣어두었다. 포석을 따라서 왼편으로 돌아가면 왼쪽에 도쇼구 유일한 시라키 양식의 건물이 있다.

これは神きゅう舎といって、神馬のために作られたものである。そのなげしには、左から右へ八面の猿の彫刻がある。これは、猿が生まれてから、子を産む親となるまでの姿をかりて、人の一生を表したといわれている。とくに正面の「見ざる、言わざる、聞かざる」の三猿は、人間も子どものころは、悪いことを見たり、言ったり、聞いたりするなという教訓を示したものなんだそうだ。正面には佐賀の鍋島公が奉納された、全部花こう岩で作られたお水舎がある。

이것은 신큐사라고 해서 신마를 위해 만들어진 것이다. 그 중인방에는 왼쪽에서 오른쪽으로 여덟 면의 원숭이 조각이 있다. 이것은 원숭이가 태어나서부터 새끼를 낳는 어미가 되기까지의 모습을 빌려서 사람의 일생을 나타낸 것이라고 한다. 특히 정면의 「보지도, 말하지도, 듣지도 말라」는 3마리 원숭이 조각상은 인간도 어릴 적에는 나쁜 것을 보거나, 말하거나 듣거나 하지 말라는 교훈을 나타낸 것이라 한다. 정면에는 사가의 나베시마 공이 봉납한 것으로 전부 화강암으로 만들어진 데미즈야가 있다.

そこを右手に曲がると、正面の石段の上に、左右に延長二百二十メートルの金色・朱色に輝く回廊をめぐらした、東照宮の美の代表、陽名門の姿が輝くばかりにそびえ立っていた。「日光みずして、結構というな。」と言った昔の人のことばが、ほんとうにその通りだと思えてきた。

그곳을 오른쪽으로 돌면 정면에 위치한 돌계단 위에 좌우로 길게 220미터의 금색과 주홍색으로 반짝이는 회랑을 둘러싼 도쇼구의 미를 대표하는 요메이문의 모습이 눈부시게 빛날 듯이 우뚝 솟아 있다. 「닛코를 보지도 않고 대단하다고 하지 마라(닛코에 있는 도쇼구를 보기 전에는 다른 건축물을 보고 훌륭하다는 말을 하지 마라. 도쇼구만큼 훌륭한 것은 없다는 말)」고 한 옛날 사람들의 말이 정말 그대로라는 생각이 들었다.

明治維新が日本にとってどのような意義を持ったものであったかは、だれひとり知らないものはないほどである。
その維新の主役のひとりで、近代日本の礎(いしずえ)を築き、日本を目ざめさせ、日本改革の第一線を行ったと評価される人物が坂本竜馬である。

메이지유신이 일본에게 어떤 의의를 지닌 것이었는지는 누구 하나 모르는 사람이 없을 정도이다.
그 유신의 주역의 한 사람으로 근대 일본의 초석을 다져 일본을 눈 뜨게 하고 일본개혁의 제일선을 담당했다고 평가되는 인물이 사카모토 료마이다.

これから国を守るのは、剣でもピストルでもなく、国際法だという竜馬の時代感覚は鋭かった。
이제부터 나라를 지키는 것은 검도 권총도 아닌 국제법이라는 료마의 시대감각은 예리했다.

しかし、日本の将来を考え、心から、日本人のことを思い、そして世界への目を開いていた英傑と言われている坂本竜馬は、三十歳に刺客に斬り付けられた。もし竜馬が、あの時暗殺されなかったら、竜馬はついに世界の海援隊を実現して、三菱をもしのぐ大財閥になっていたという人もある。

그러나 일본의 장래를 생각하고 진심으로 일본인을 생각하며 나아가 세계로 눈을 돌린 위인 사카모토 료마는 30세에 자객에게 칼에 찔려 숨졌다. 만약 료마가 그 때 암살되지 않았다면 료마는 마침내 세계적인 해원대를 실현시켜 미쓰비시까지도 능가하는 대재벌이 되었을 것이라고 말하는 사람도 있다.

一方、江戸時代の末になると、幕府をたおせという人々と、幕府を守れと言う人々が出て、おたがいに争い合った。
한편, 에도시대 말이 되자 막부를 쓰러뜨리자는 사람들과 막부를 지키자는 사람들이 나와 서로 싸움을 하였다.

しかし福沢諭吉は、そのどちらの人々も自分たちのいばれる世の中がほしくて、あらそいをするのだということに気づいた。
그러나 후쿠사와 유키치는 양쪽 모두 자신들이 활개를 칠 수 있는 세상이 필요해서 싸운다는 걸 알았다.

そして、「世の中にこういうくだらない人々がみちみちているのは、学問そのものに責任がある。これまでのそれは肝心な人間の頭を鍛えることをゆるがせにしてきた。そのため、口先だけがたっしゃで、人間としての心がけがまったくない人々をたくさんつくってしまった。いくら世の中の制度だけを、改めたところで、それを動かす人間の心が改まらないかぎり、どうにもならない。私は、何よりもまず人間をつくり変える仕事に着手しよう。」こう決心したのです。

그리고 「세상에 이런 하찮은 인간들이 넘쳐나고 있는 것은 학문 자체에 책임이 있다. 지금까지 학문은 중요한 인간의 뇌를 훈련시키는 것을 소홀히 해 왔다. 그렇기 때문에 입만 살고 사람의 마음이 전혀 없는 사람들을 대량으로 만들어내고 말았다. 아무리 세상의 제도만을 개선했다고 해도 그것을 움직이는 사람의 마음이 개선되지 않는 한 소용이 없다. 나는 무엇보다도 우선 사람을 다시 만드는 일을 착수해야지」 이렇게 결심했다.

そのためかれは、二つの計画を立てました。その一つは、自分の開いた塾をますます盛んにして、多くの青年を正しく立派に教育するということともう一つは、自分の考えをもっともっと世の中に広めるために、本を書いて出版するということである。

그러기 위해 그는 두 개의 계획을 세웠다. 하나는 자신이 연 학원을 점점 활성화시켜서 많은 청년들을 올바르고 훌륭하게 교육시킨다는 것과 다른 하나는 자신의 생각을 더욱더 세상에 전파하기 위해 책을 써서 출판하는 것이다.

＜坊っちゃん＞〈도련님〉

親譲りの無鉄砲で小供の時から損ばかりしている。小学校に居る時分学校の二階から飛び降りて一週間ほど腰を抜かした事がある。なぜそんな無闇をしたと聞く人があるかも知れぬ。別段深い理由でもない。

부모님한테서 물려받은 무모함 때문에 어린 시절부터 손해만 보고 있다. 초등학교 때 학교 2층에서 뛰어내려 일주일 정도 허리를 삔 적이 있다. 왜 그렇게 무모한 짓을 했냐고 물어보는 사람이 있을지도 모른다. 딱히 뜻깊은 이유가 있는 것도 아니다.

新築の二階から首を出していたら、同級生の一人が冗談に、いくら威張っても、そこから飛び降りる事は出来まい。弱虫やーい。と囃したからである。小使に負ぶさって帰って来た時、おやじが大きな眼をして二階ぐらいから飛び降りて腰を抜かす奴があるかと云ったから、この次は抜かさずに飛んで見せますと答えた。

신축건물 2층에서 고개를 내밀고 있는데 동급생 하나가 농담으로 아무리 으스대도 거기서 뛰어내리지는 못할 거다. 이 겁쟁이라고 소리쳤기 때문이다. 일하는 사람이 업고 돌아왔을 때 아버지가 눈을 크게 뜨고 2층 정도에서 뛰어내려서 허리를 삐는 놈이 어디 있냐고 해서 이다음엔 삐지 않고 뛰어내려 보이겠다고 대답했다.

親類のものから西洋製のナイフを貰って奇麗な刃を日に翳して、友達に見せていたら、一人が光る事は光るが切れそうもないと云った。切れぬ事があるか、何でも切ってみせると受け合った。そんなら君の指を切ってみろと注文したから、何だ指ぐらいこの通りだと右の手の親指の甲をはすに切り込んだ。幸ナイフが小さいのと、親指の骨が堅かったので、今だに親指は手に付いている。しかし創痕は死ぬまで消えぬ。

친척한테서 서양제 나이프를 받고 예쁜 칼날을 햇빛에 비추어 보이며 친구에게 보였더니 한 사람이 빛나긴 빛나지만 잘 들 것 같지는 않다고 말했다. 안 들 리가 있나, 뭐든 잘라 보여주겠다고 응수했다. 그러면 니 손가락을 잘라 보라고 주문해서 뭐 손가락쯤이야 이 대로라며 오른손 엄지손가락 등을 엇베었다. 다행히 나이프가 작고 엄지손가락 뼈가 단단했기 때문에 아직껏 엄지손가락은 손에 붙어 있다. 그러나 상처는 죽을 때까지 없어지지 않는다.

＜吾輩は猫である＞〈나는 고양이로소이다〉

吾輩は猫である。名前はまだない。吾輩の主人は滅多に吾輩と顔を合せる事がない。職業は教師だそうだ。学校から帰ると終日書斎に入ったきり殆んど出て来ることがない。

나는 고양이다. 이름은 아직 없다. 내 주인은 좀처럼 나와 얼굴을 마주하는 일이 없다. 직업은 교사라고 한다. 학교에서 돌아오면 온종일 서재에 들어가서는 거의 나오는 일이 없다.

家のものは大変な勉強家だと思って居る。吾輩は時々忍び足に彼の書斎を覗いて見るが、彼はよく昼寝をして居る事がある。彼は胃弱である。その癖に大飯を食う。大飯を食った後でタカヂヤスターゼを飲む。飲んだ後で書物をひろげる。二三ページ読むと眠くなる。

집안사람들은 대단한 학구파라고 생각하고 있다. 나는 가끔 살금살금 걸어가 그의 서재를 훔쳐보는데, 그는 낮잠을 잘 자는 적이 있다. 그는 위가 약하다. 그러면서도 밥을 많이 먹는다. 많이 먹은 후에는 다카디아스타제를 먹는다. 먹은 후에 책을 편다. 2-3페이지 읽으면 졸음이 온다.

これが彼の毎夜繰り返す日課である。教師というものは実に楽なものだ。人間と生まれたら教師となるに限る。こんなに寝て居て勤まるものなら猫にでも出来ぬ事はないと。

이것이 매일 밤 반복되는 일과이다. 교사라는 것은 실로 편한 것이다. 인간으로 태어난다면 교사가 되는 게 제일이다.

이렇게 자고도 할 수 있는 것이라면 고양이에게도 불가능한 일은 아니라고.

それでも主人に云わせると教師ほどつらいものはないそうで彼は友達が来る度に何とかかんとか不平を鳴らして居る。吾輩は人間と同居して彼らを観察すればするほど、彼等は我儘なものだと断言せざるを得ないようになった。

그러나 주인 왈 교사만큼 힘든 것은 없다고 그는 친구가 올 때마다 이러쿵저러쿵 불평을 늘어놓는다. 나는 인간과 함께 살면서 그들을 관찰하면 할수록 그들은 제멋대로라고 단언하지 않을 수 없게 되었다.

十八年という歳月が過ぎ去ってしまった今でも、僕はあの草原の風景をはっきりと思いだすことができる。
18년이라는 세월이 지난 지금도 나는 그 초원의 풍경을 또렷하게 기억해낼 수 있다.

何日かつづいたやわらかな雨に夏のあいだのほこりをすっかり洗い流された山肌は深く鮮かな青みをたたえ、十月の風はすすきの穂をあちこちで揺らせ、細長い雲が凍りつくような青い天頂にぴたりとはりついていた。
며칠인가 계속된 부드러운 비로 여름 동안 쌓였던 먼지가 말끔히 씻겨 내려간 산표면은 깊고 선명한 푸른 빛을 띄고 있었고 10월의 바람은 참억새 풀의 이삭을 여기저기서 흔들어 댔다. 가늘고 긴 구름은 꽁꽁 얼어붙은 듯한 푸른 창공에 찰싹 달라붙어 있었다.

空は高く、じっと見ていると目が痛くなるほどだった。風は草原をわたり、彼女の髪をかすかに揺らせて雑木林に抜けていった。梢の葉がさらさらと音を立て、遠くの方で犬の鳴く声が聞こえた。
하늘은 높고 가만히 쳐다보고 있으니 눈이 아플 지경이었다. 바람은 초원을 건너 그녀의 머리카락을 살며시 흔들고는 잡목숲 사이로 빠져나갔다. 나뭇가지 끝에 달린 잎들이 사각거리며 먼 곳에서 개 짖는 소리가 들려왔다.

まるで別の世界の入口から聞こえてくるような小さくかすんだ鳴き声だった。その他にはどんな物音もなかった。どんな物音も我々の耳には届かなかった。
마치 다른 세계의 입구에서 들려오는 듯한 작고 희미한 울음소리였다. 그 밖에는 아무런 소리도 들리지 않았다. 우리 귀에는 그 어떤 소리도 미치지 않았다.

誰一人ともすれ違わなかった。まっ赤な鳥が二羽草原の中から何かに怯えたようにとびあがって雑木林の方に飛んでいくのを見かけただけだった。歩きながら直子は僕に井戸の話をしてくれた。
어느 누구와도 마주치지 않았다. 다만 새빨간 새 두 마리가 무언가에 겁먹은 듯 초원 속에서 날아올라 잡목숲 쪽으로 날아가는 것이 눈에 띄었을 뿐이었다. 걸으면서 나오코는 내게 우물 이야기를 해 주었다.

記憶というのはなんだか不思議なものだ。その中に実際に身を置いていたとき、僕はそんな風景に殆んど注意なんて払わなかった。とくに印象的な風景だとも思わなかったし、十八年後もその風景を細部まで覚えているかもしれないとは考えつきもしなかった。
기억이란 참으로 묘한 것이다. 내가 그 속에 실제로 몸을 담고 있었을 때는 그러한 풍경에 관심이라고는 거의 갖지 않았다. 특별히 인상적인 풍경이라고 생각하지도 않았고 18년이나 지난 후에 그 풍경을 자세하게 기억해낼지 모른다고는 상상도 못했다.

正直なところ、そのときの僕には風景なんてどうでもいいようなものだったのだ。僕は僕自身のことを考え、そのときとなりを並んで歩いていた一人の美しい女のことを考え、僕と彼女とのことを考え、そしてまた僕自身のことを考えた。
솔직히 말해서 그 당시 나는 풍경 따위는 아무래도 좋았다. 나는 나 자신에 대해 생각했으며, 그때 내 곁에서 나란히 걷고 있던 아름다운 한 여인에 대해 생각했고, 나와 그녀에 대해 생각했다. 그리고 다시 나 자신에 대해 생각했다.

それは何を見ても何を感じても何を考えても、結局すべてはブーメランのように自分自身の手もとに戻ってくるという年代だったのだ。おまけに僕は恋をしていて、その恋はひどくややこしい場所に僕を運びこんでいた。
그때는 무엇을 보든, 무엇을 느끼든, 무엇을 생각하든, 결국 모든 것이 부메랑처럼 자기 자신의 손아귀로 돌아오는 나이였던 것이다. 게다가 나는 사랑을 하고 있었고 그 사랑은 몹시 복잡한 곳으로 나를 끌어들였다.

まわりの風景に気持を向ける余裕なんてどこにもなかったのだ。でも今では僕の脳裏に最初に浮かぶ

のはその草原の風景だ。草の匂い、かすかな冷やかさを含んだ風、山の稜線、犬の鳴く声、そんなものがまず最初に浮かびあがってくる。とてもくっきりと。

주변 풍경에 신경 쓸 여유 따위는 전혀 없었다. 하지만 지금은 그 초원의 풍경이 내 뇌리에 맨 먼저 떠오른다. 풀 내음, 희미한 냉기를 머금은 바람, 산 능선, 개 짖는 소리, 그런 것들이 우선 떠오른다. 너무도 선명하게.

それらはあまりにもくっきりとしているので、手をのばせばひとつひとつ指でなぞれそうな気がするくらいだ。しかしその風景の中には人の姿は見えない。誰もいない。直子もいないし、僕もいない。

그것들은 너무나도 선명해서 손을 뻗으면 하나하나 손가락으로 덧그릴 수 있을 것만 같은 생각이 들 정도다. 그러나 그 풍경 속에는 사람의 모습이 보이지 않는다. 아무도 없다. 나오코도 없고 나도 없다.

我々はいったいどこに消えてしまったんだろう、と僕は思う。どうしてこんなことが起りうるんだろう、と。あれほど大事そうに見えたものは、彼女やそのときの僕や僕の世界は、みんなどこに行ってしまったんだろう、と。

우리는 도대체 어디로 사라져 버린 것일까, 어떻게 이런 일이 일어날 수 있을까 하고 나는 생각한다. 그토록 소중해 보이던 그녀와 그때의 나, 그리고 내 세계는 모두 어디로 가 버린 것일까.

そう、僕には直子の顔を今すぐ思いだすことさえできないのだ。僕が手にしているのは人影のない背景だけなのだ。

그렇다, 나는 나오코의 얼굴을 지금 당장 기억해낼 수조차 없다. 내가 손에 쥐고 있는 것은 인적 없는 배경 뿐이다.

私はまだ三十にもならぬに、濃い髪の毛が、一本も残らず真白になっている。この様不思議な人間が外にあろうか。嘗白頭宰相(はくとうさいしょう)と云われた人にも劣らぬ見事な綿帽子が、若い私の頭上にかぶさっているのだ。
나는 아직 나이 서른도 채 안됐는데 짙은 머리카락이 한 가닥도 남김없이 새하얗게 되었다. 이렇게 이상한 인간이 또 어디 있겠는가? 일찍이 백발 재상이라는 말을 듣던 사람 못지않게 훌륭한 털모자가 젊은 내 머리 위에 씌워져 있는 것이다.

私の身の上を知らぬ人は、私に会うと第一に私の頭に不審の目を向ける。無遠慮な人は、挨拶がすむかすまぬに、先ず私の白頭についていぶかしげに質問する。
내 신상을 모르는 사람은 나를 보면 제일 먼저 내 머리에 미심쩍은 시선을 보낸다. 뻔뻔한 사람은 인사가 끝나기가 무섭게 먼저 내 백발에 대해 의아한듯 묻는다.

これは男女に拘らず私を悩ます所の質問であるが、その外にもう一つ、私の家内と極親しい婦人だけがそっと私に聞きに来る疑問がある。
이것은 남녀를 막론하고 나를 괴롭히는 질문이지만 그 밖에 또 하나, 내 아내와 아주 친한 부인만이 살짝 내게 물으러 오는 의문이 있다.

少々無躾(ぶしつけ)に亙るが、それは私の妻の腰の左側の腿の上部の所にある、恐ろしく大きな傷の痕についてである。そこには不規則な円形の、大手術の跡かと見える、むごたらしい赤あざがあるのだ。
약간 무례하게 지나치긴 하지만 그것은 내 아내의 허리 왼쪽 허벅지 윗부분에 있는 끔찍하게 큰 흉터에 대한 것이다. 거기에는 큰 수술 자국처럼 보이는 불규칙한 원형의 끔찍한 붉은 멍이 있다.

この二つの異様な事柄は、併し、別段私達の秘密だと云う訳ではないし、私は殊更にそれらのものの原因について語ることを拒む訳でもない。ただ、私の話を相手に分からせることが非常に面倒なのだ。
이 두 가지 이상한 사실은 그렇다고 딱히 우리만의 비밀이라고 할 것도 아니고, 특별히 그것들의 원인에 대해 말하기를 거부하는 것도 아니다. 다만 내 이야기를 상대방에게 알아듣게 하는 것이 매우 성가시다.

それについては実に長々しい物語があるのだし、又たとえその煩わしさを我慢して話をして見た所で、私の話のし方が下手なせいもあろうけれど、聞手は私の話を容易に信じてはくれない。大抵の人は「まさかそんなことが」と頭から相手にしない。
거기에 대해서는 실로 아주 길게 이야기를 해야 하고 또 설령 그 번거로움을 참고 이야기를 해 보았자 내 말솜씨가 서투른 탓도 있겠지만 듣는 사람이 내 말을 쉽사리 믿어주질 않는다. 대부분의 사람들은 "설마 그런 일이"하고 아예 상대해 주지 않는다.

私が大法螺吹きか何ぞの様に云う。私の白頭と、妻の傷痕という、れっきとした証拠物があるにも拘らず、人々は信用しない。それ程私達の経験した事柄というのは奇怪至極なものであったのだ。
내가 대단한 허풍쟁이인 것처럼 말한다. 내 백발과 아내의 흉터라는 명백한 증거물이 있는데도 사람들은 믿지 않는다. 그만큼 우리가 겪은 일은 기괴하기 짝이 없는 것이다.

私は、嘗て「白髪鬼」という小説を読んだことがある。それには、ある貴族が早過ぎた埋葬に会って、出るに出られぬ墓場の中で死の苦しみを嘗めた為、一夜にして漆黒の頭髪が、悉く白毛と化した事が書いてあった。
나는 일찍이 '백발귀'라는 소설을 읽은 적이 있다. 거기에는 한 귀족이 죽지 않았는데도 너무 빨리 매장을 당해 무덤에서 빠져나오지 못하고 죽을 고초를 겪은 나머지 하룻밤 새에 칠흑 같은 머리카락이 모조리 백발로 변한 사연이 적혀 있었다.

又、鉄製の樽の中へ入ってナイヤガラの滝へ飛込んだ男の話を聞いたことがある。その男は仕合せにも大した怪我もせず、瀑布を下ることが出来たけれど、その一刹那に、頭髪がすっかり白くなってしまった由である。
또 철제 통 속에 들어가 나이아가라 폭포로 뛰어든 한 남자의 이야기를 들은 적이 있다. 그 남자는 운 좋게 별 상처도 입지 않고 폭포를 내려올 수 있었는데 한순간에 머리카락이 완전히 희어져 버렸던 것이다.

凡そ、人間の頭髪を真白にしてしまう程の出来事は、この様に、世にためしのない大恐怖か、大苦痛を伴っているものだ。三十にもならぬ私のこの白頭も、人々が信用し兼ねる程の異常事を、私が経験した証拠にはならないだろうか。
무릇 인간의 머리카락이 백발이 되어 버릴 정도의 일은 이처럼 세상에 유례없는 큰 공포나 고통을 수반하는 법이다. 서른도 안 된 내 이 백발도 사람들이 믿기 어려울 정도로 이상한  일을 겪었다는 증거가 되지 않겠는가.

妻の傷痕にしても同じことが云える。あの傷痕を外科医に見せたならば、彼はきっと、それが何故の傷であるかを判断するに苦しむに相違ない。
아내의 흉터만 해도 마찬가지다. 그 흉터를 외과 의사에게 보여 주었다면 그는 분명 어떻게 해서 그런 흉이 졌는지 판단하기 어려웠을 것이다.

あんな大きな腫物のあとなんてある筈がないし、筋肉の内部の病気にしても、これ程大きな切口を残す様な藪(やぶ)医者は何所にもないのだ。
그렇게 큰 종기 자국이 있을 리도 없고 근육 내부의 병이라고 해도 이 정도로 큰 칼자국을 남길 만한 돌팔이 의사는 아무데도 없다.

焼けどにしては、治癒のあとが違うし、生れつきのあざでもない。それは丁度そこからもう一本足が生えていて、それを切り取ったら定めしこんな傷痕が残るであろうと思われる様な、何かそんな風な変てこな感じを与える傷口なのだ。これとても亦、並大抵の異変で生じるものではないのである。
데인 것 치고는 치유 흔적이 다르고 날 때부터 있던 점도 아니다. 그것은 흡사 그곳에 난 또 다른 다리를 잘라내면 필시 남을 거라 생각될 만한 이상야릇한 흉터자국이다. 이것 또한 보통의 이변으로 생기는 것은 아니다.

## 付録 実践・練習解答

잠간 쉬어가기 🕒　実践練習 🈴　練習問題 🈷

### 第01課

🕒 1. 万年筆(만년필)　2. 夢(꿈)

🈴 1. 루리꼬는 무라이를 똑바로 쳐다보았다. 어린애답게 거리낌없이 뚫어지게 보았다.

2. 그 눈은 엄숙하다고 할 만큼 위엄 있는 것은 아니지만 어린 생명이 자라나는 움직임을 조용히 바라보는 고귀하고 맑은 눈이었다.

3. 그러자, 어찌된 셈인지 모든 것이 뚜렷이 내게 보이게 되어 만년필의 움직임이 애가 탈 정도로 나는 쓰고 또 쓰게 되었다.

🈷 1. 1) に　2) と　3) も　かも

2. 1) 문제 삼지 않고 상대를 잠자코 인정하게 하는 것. 보고도 못 본척하며 상대하지 않는것.

2) A=B 식으로 단순하게 바꿔놓는 것이 위험하다는 것은 아셨을 것이다.

3) 한사람의 운명뿐만 아니라 몇 십만이나 되는 목숨을 빼앗을 수도 있는 것이 오역이다.

### 第02課

🕒 1. かけっこ(달리기)　2. 味(맛)

🈴 1. 1941년에 입대하여, 중국전에 출정 중 부상을 입고 제2육군병원에 후송되었으며, 종전 직전 북해도로 건너가 일용직 인부로서 아사히가와 시외에 있는 가라쿠쵸에 정착한 뒤에 결혼했다.

2. 그런데 더욱 이상한 일은 그 노인이 어디로 갔는지 벌써 그 근방에는 그림자 하나 보이지 않았습니다.

3. 그 시체를 처음 본 것은 틀림없이 저입니다. 그곳은 야마시나 역 도로에서 110미터쯤 떨어졌을 겁니다. 가느다란 삼나무들이 대나무 속에 섞여 서 있는 호젓한 곳입니다.

🈷 1. 1) ②　2) ③　3) ①

2. 1) ④　2) ②　3) ④

### 第03課

🕒 1. えんとつ(굴뚝)　2. はさみ(가위)

🈴 1. 아마 내 마음 속에는 딱딱한 껍질 같은 게 있어서, 거기를 꿰뚫고 안으로 들어오는 사람은 매우 제한돼 있을 거라고 나는 말했다.

2. 나오코 이야기가 부자연스러운 것은 그녀가 몇 개의 포인트에 대해 언급을 회피하듯 신경을 쓰면서 이야기하는 데에 있는 것 같았다. 물론 기즈키도 그 포인트 중의 하나였는데, 그녀가 회피하고 있는 것은 그것만이 아니라고 느꼈다.

解 1. 1) カード　　2) カルテ　　3) カルタ　　4) 英語　　5) ドイツ語
2. 1) も　　　　2) どれも　　3) に、ならない　　4) のに

## 第04課

聞 1. ろうそく(양초)　　2. ふとん(이불)
実 1. 안대를 써서 한쪽눈이 안보이게 된 나쓰에는 원근을 잘 분간할 수 없었다. 그녀는 분간이 되지 않는 채로 물끄러미 티끌을 쳐다보았다.
2. 게다가 어떤 놈이 그 어린 것의 가느다란 목을 졸라 죽였다고 생각하니 게이조는 큰소리로 통곡을 하고 싶은 심정이었다.
解 1. 1) ④　　2) ①　　3) ①　　4) ②
2. 1) ①

## 第05課

聞 1. ぞうきん(걸레)　　2. はさみ(못)
実 1. 료헤이는 혼자 안달이 나서 밀차 둘레를 돌아보았다. 밀차에는 튼튼한 받침대의 널빤지에 진흙이 튀어 말라붙어 있었다.
2. 그리고 그 사람의 잠재의식 속에서 나오는 말에 절대 귀를 기울이지 않겠다는 결심을 내 스스로 하게끔 한다.
解 1. 1) 本ばかり読んでいます。
2) 目が男に二つ、女に二つ、あわせて四つだからです。
3) 極楽へいきます。
4) 極楽のとなりにあります。
2. 1) 부처　　2) 촛대　　3) 제대로 된　　4) 결혼　　5) 시시한(따분한)

## 第06課

実 1. 케이코 : "사실은 사과드리는 게 아니라 감사드리는 겁니다. 목숨을 구해 주셨으니까요."
타쿠로 : "나한테 부탁이라 하면"
미사코 : "그때부터 마음이 안정될 때까지 만이다 싶어 우리 집에서 반달 정도 돌보아 주었는데 동경엔 역시 돌아가고 싶지 않다고 하게 되어서, 그렇다면 멍하니 있는 것보다는 일하는 게 낫겠지요 아니 뭐 물론 잠은 절에서 자게 할 거예요.
2. 에미: "우리는 TV방송국에 사죄해 달라는 둥 그런 걸 말하는 게 아니라 어째서 TV는 핫토리씨가 범인인양 보도를 했는지 그 이유를 알고 싶을 뿐입니다."
아사가와 : "난처하네. 우린 신중하게 방송하고 있어. 죄를 뒤집어씌우는데 가담한 걸로 생각하다니 의외인 걸."
사사노 : "그렇다면 그걸 증명해 주어야지, 코지."
아사가와 : "또 그런다."
解 1. ①
2. ④

## 第07課

聞 1. 竹の子(죽순)　　2. なし(배, 나시는 없다는 뜻임)
実 1. 그런 호칭은 지금이라면 비난을 받을 일이겠지만, 서민층 상인인 우리들에게는 아주 친근한 호칭으로 다가왔습니다(들렸습니다).
2. 하느님은 좀처럼 내가 하는 말을 들어주지 않는다. 대답이 없는 것을 보니, "정말로 너는　서툴구나" 그 마귀할멈의 기막혀 하는 얼굴을 보지 않으려면 잠을 자야한다.
3. 시대의 표준적인 미는 시계의 초침과 함께 변해가거니와, 갑을 감동시킬 수 있는 아름다움이 을, 병에게는 아무것도 아닌 것이 보통이다.

4. 나는 이 여주인공에게 아주 깊이 공감한다. 나 자신도 마취된 상태에서 뭔가 중대한 일을 말해 버리는 건 아닐까 하는 공포가 있다.

練 1. 1) ①　　2) ②　　3) ④
2. 1) ①　　2) ③　　3) ①

## 第08課

잠 1. 気が変わったから(木が替わったから)
마음이 바뀌었으니까(나무가 바뀌었으니까 – 두 문장은 음이 같음)

實 1. 어떤 남자는 그 이상 이야기를 할 수 없게 되자 왕이 목을 베어 버렸습니다. 그러던 어느 날, 남쪽 나라에서 한 남자가 궁전으로 찾아왔습니다.
2. 전날부터 거세게 분 폭풍우로 몇 명의 선원만이 구조되어 그 바위에서 미끄러져 떨어지지 않도록 필사적으로 몸을 지탱하고 있었습니다.
3. 몇 년간(동안)이나 좋은 재판관을 계속 불러내어 악이 몇 개나 바로잡히고 많은 악인이 벌을 받았습니다.

練 1. ④
2. ④

## 第09課

實 1. 오사카의 여름밤을 수놓는 불꽃도 '물의 도시 오사카'의 풍물이라 할 수 있습니다. 새로운 축제로는 1983년부터 시작되어 매년 가을, 국내외의 참가자들이 모여 펼치는 미도스지 퍼레이드가 있습니다. 지금은 완전히 정착되어 오사카 시민을 비롯해 100만명이 넘는 구경꾼들을 즐겁게 해 줍니다.
2. 일본의 범죄율은 대단히 낮고 경관들도 우수해서 안심하고 도쿄 시내를 돌아다닐 수 있습니다. 어디를 가나 "고방(交番)"이라고 하는 파출소가 있으며 "오마와리상(お巡りさん)"이란 경찰관이 친절하게 여러분을 도와드릴 겁니다.
3. 일류호텔에서 아침식사를 드시는 것도 좋지만 예산을 짜 효율적으로 여행을 하시는 분들께서는 근처에서 '모닝서비스'를 주문해 드시는 것도 괜찮을 것입니다.

練 1. ④
2. ③

## 第10課

實 1. 지금으로부터 50년 전쯤 소련의 젊은 기사 츠보레프는 항공연구소에서 "앞으로 비행기라는 것은 가벼운 금속으로 더 크게 만들지 않으면 안 된다. 또 많은 사람들과 물건들을 빠르고 안전하게 운반하지 못한다면 진정한 비행기라 할 수 없다. 이것이 머지 않아 하늘을 날거다"라고 생각해 열심히 연구를 계속했습니다.
2. 그리고 파브르는 곤충과 식물 공부에 힘썼다. 좋은 책을 발견하면 얼마 안 되는 급료 중에서 무리를 해서라도 샀다. 아비뇽이라는 마을에 있는 중학교로 전근한 뒤에 일어난 일이다. 파브르는 열심히 숲과 언덕을 돌아다니며 곤충을 관찰했다. 그것은 파브르에게 중요한 일이었다.

練 1. 1) ④　　2) ②　　3) ②
2. ④

## 第11課

實 1. 서쪽 바다에 크고 붉은 태양이 서서히 가라앉자 기다리고 있던 듯이 하늘이 온통 선명한 저녁놀로 변했다. 멀리에서 누군가가 연주하고 있는 걸까? 하와이안 음률이 바람에 실려 들려왔다. 고향인 신슈에서 보는 저녁놀은 하늘이 온통 핑크빛으로 물들었는데 여기에서는 오렌지색이다.
2. "그리고 쥰코양 아까 뭔가 말하려고 했지."
"응? 아아 별 볼일 없는 얘기야"
쥰코는 지금은 좀 그렇다고 생각했다. 노부코가 자신을 잃어가고 있다.
이럴 때 방화 의심을 받고 있다는 걸 말하면…

3. 그녀를 사랑하고 나서 어느 정도는 일도 열심히 했지만 그건 어디까지나 그녀의 시선이 미치는 범위에 지나지 않았으며 그녀가 복사실에 들어가 버리거나 하면 금세 의욕이 어디론가 사라져 버리는 것이었다.

圈 1. ①, ④

2. ④

## 第12課

잠 1. 天井(천장)　2. 服(옷)

實 1. 택시 안 라디오 FM 방송에서는 클래식 음악이 흘러 나오고 있었다. 곡은 야나체크의 '신포니에타'이다. 교통 체증에 휩싸인 택시 안에서 듣기에 안성맞춤인 음악이라고는 말할 수 없을 것이다. 운전사도 딱히 그 음악에 열심히 귀 기울이는 것 같이 보이지는 않았다.

중년의 운전사는 마치 뱃머리에 서서 불길한 바닷물의 흐름을 읽는 노련한 어부처럼 앞쪽에 끝없이 늘어선 차량 행렬을 그저 입을 다물고 바라보고만 있었다. 아오마메(青豆)는 뒷좌석에 깊숙이 몸을 기대어 살며시 눈을 감고 음악을 듣고 있었다.

2. 3명의 새로운 생활이 치바현(千葉県)에서 그리 멀지 않은 에도가와구 가사이(江戸川区葛西)라고 하는 지역에서 시작되었다. 새로 이사 온 이 지역은 모르는 사람뿐이었다. 장애아를 둔 부모는 아이를 집에 가두고 그 존재마저 숨겨 버리는 일도 있다고 하지만 우리 부모님은 결코 그러지 않으셨다. 이웃들에게 내 존재를 알리기 위해 언제나 나를 데리고 다녀 주셨다. 지금이야 십수 센티미터의 팔다리가 있지만 그때는 흡사 몸통에 감자가 동그라니 딱 붙어 있는 것 같았다.

圈 1. ④

2. ①

## 第13課

잠 おさないから(押さないから、幼いから)

밀지 않을 거니까("밀지 않을 거니까"와 "어리니까"란 말은 같은 의미)

實 1. 몸도 허약하고, 달리기와 철봉도 남에게 지는 데다 타고난 말더듬이 때문에 더욱 더 소극적이 되었다. 그리고 모두가 나를 절의 아이로 알고 있었다. 악동들은 말더듬이 승려가 말을 더듬으며 불경을 읽는 시늉을 하면서 나를 놀려 댔다. 강담 중에 말을 더듬는 딴꾼이 나오는 데가 있는데, 그런 부분을 일부러 소리내 읽어서 나에게 들려주곤 했다.

2. 하지만 딸 이야기는 일단 접어두고 앞으로 다시 부모님인 요시히데에 대해 말씀드리겠습니다. 아니나 다를까 원숭이는 이렇게 곧 모든 사람에게 귀여움을 받게 되었지만 정작 중요한 요시히데는 역시 모두에게 미움을 받았으며 그가 없는 데서는 여전히 '원숭이 히데'라고 불렀습니다. 게다가 그것이 또 대감님 댁 안에서만이 아닙니다. 실제로 요가와에 계시는 큰스님께서도 요시히데라고 하면 마귀라도 만난 것처럼 안색을 바꾸며 미워하셨습니다.

3. 국경의 긴 터널을 빠져나오니 설국이었다. 밤 밑바닥이 하얘졌다. 신호소 앞에 기차가 멈췄었다. 맞은편 좌석에서 젊은 여자가 일어나서 시마무라 앞에 있는 유리창을 열어젖혔다. 눈의 냉기가 흘러 들어왔다. 젊은 여자는 창문 가득 몸을 내밀어 멀리 외치듯 "역장님, 역장님"하고 불렀다. 등을 들고 천천히 눈을 밟으며 온 남자는 목도리로 코 위까지 감싸고 귀에 모자털을 늘어뜨리고 있었다. 벌써 그렇게 추워졌나 하고 시마무라가 밖을 내다보니 철도 관사 같은 막사가 산기슭에 을씨년스럽게 흩어져 있을 뿐 하얀 눈빛은 거기까지 가기 전에 어둠에 삼켜져 버렸다.

圈 1. ③

2. 1) 인사가 끝나기가 무섭게

2) 돌팔이 의사는 아무데도 없다

3) 있는데도 불구하고

4) 이야기를 해 보았자

저자 윤호숙

한국외국어대학교/대학원 일본어과 졸업
일본히로시마대학 일본어교육학과 박사 / 일본어학, 일어어교육 전공
일본하쿠호재단 국제일본연구 펠로우쉽 초빙연구원
일본국립국어연구소 객원연구원
동경외대 국제일본연구센터 국제편집고문
국회도서관 일본자료 추천위원
한국대학신문 논설위원
한국일본언어문화학회 회장
한국일어일문학회 회장
현) 사이버한국외국어대학교 일본어학부 교수

〈저서〉

『실용 일본어 독해』 제이앤씨
『키워드로 읽는 일본 문화 2 스모남편과 벤토부인』(공저) 글로세움
『키워드로 읽는 일본 어학 3 일본인의 언어유희』(공저) 글로세움
『분야별 현대 일본어학 연구』(공저) 박이정
『근현대 한일양국의 번역연구』『일본어와 한국어의 대조표현연구』 인문사
『일본어능력시험 N3, N4』 윤호숙테라다요헤이 공저 제이앤씨
『일본어 입문(기초편)』 개정판 제이앤씨
『일본어 입문(향상편)』 개정판 제이앤씨
『아리가또 일본어 1·2·회화』(공저) 니혼고 팩토리

〈번역 관련 대표 논문〉
「일한기계번역의 오류유형에 관한 고찰—일본소설을 중심으로」『일어일문학연구』107-1 한국일어일문학회 2018
「소세키(漱石)의 어학적 어프로치와 번역—일한번역을 중심으로」『일어일문학연구』103-1 한국일어일문학회 2017
「한국인 일본어학습자의 일본어 오용 및 오역 유형에 관한 연구」『일어일문학연구』92 한국일어일문학회 2015
「일본문화의 한국어 번역 양상—일한번역소설 및 한국인 일본어학습자의 일한번역을 중심으로」『일본어교육연구』28집 한국일어교육학회 2014
「온라인 일한번역 교육방식과 학습효과」『일본어문학』56 일본어문학회 2012
「シテ형 접속의 한국어 오역 실태—한국인 일본어학습자의 일한번역문을 중심으로」『일본연구』47 한국외국어대학교 일본연구소 2011
「E-Learning日韓翻訳教育におけるコンテンツの構成方式と学習効果」世界日語教育大会 発表 2011
「국어사전에 보이는 일본어」『일본연구』43 한국외국어대학교 일본연구소 2010
「한국인 일본어학습자의 일본어 사전 이용의 문제점—중고급 학습자를 대상으로」한국외국어대학교 언어연구소 2007
「근대어 성립과정에 있어서의 구문맥(번역문체)과 접속사—일·한양국어의 대조고찰」『일본연구』30 한국외국어대학교 일본연구소 2006
「일본어 번역 교육에 관한 고찰—한일 번역을 중심으로」『일본연구』26 한국외국어대학교 일본연구소 2005
「한국어 번역문체에 미친 일본어 오역의 영향」『일어일문학연구』40 한국일어일문학회 2002
「韓国語の翻訳文体における日本語の重訳的誤訳-近·現代の受身表現を中心に」NIDABA 1998
「近代における翻訳小説の中の受身表現──韓国語との対照的考察」『表現学会』67 表現学会 1998

[개정판]
新 일한번역연습

**1쇄 인쇄**  2021년 09월 17일
**1쇄 발행**  2021년 09월 24일

**저　　자**  윤호숙
**발 행 인**  윤석현
**발 행 처**  제이앤씨
**책임편집**  최인노
**등록번호**  제7-220호

**우편주소**  서울시 도봉구 우이천로 353
**대표전화**  (02) 992 / 3253
**전　　송**  (02) 991 / 1285
**홈페이지**  http://www.jncbms.co.kr
**전자우편**  jncbook@hanmail.net

ⓒ 윤호숙 2021. Printed in KOREA

**ISBN** 979-11-5917-184-0　　13730　　　　　　　정가 16,000원